U0592263

　　麦小舟　广东高明县人。1968年毕业于中山大学哲学系，曾任中共广东省斗门县委书记。主要著作有《诗词三部曲》和《再生的老子》、《老子的再生》。2010年入选"新中国（建国60年）影响广东100位贡献人物"，并被誉为"新时代中国传统文化的'布道者'"。

新中国孙子兵法六十年100位贡献人物

麦小舟 同志：

新时代中国
传统文化的"布道者"

新华月报社

二○一一年四月

老子的再生

——正本清源《道德经》

麦小舟 编著

学苑出版社

图书在版编目（CIP）数据

老子的再生：正本清源《道德经》/ 麦小舟编著 . —北京：学苑出版社，2012.1

ISBN 978-7-5077-3930-5

Ⅰ . ①老… Ⅱ . ①麦… Ⅲ . ①道家②《道德经》－通俗读物 Ⅳ . ①B223.1-49

中国版本图书馆CIP数据核字（2011）第272677号

责任编辑：潘占伟
装帧设计：徐道会
出版发行：学苑出版社
社　　址：北京市丰台区南方庄2号院1号楼
邮政编码：100079
网　　址：www.book001.com
电子信箱：xueyuan@public.bta.net.cn
销售电话：010-67675512　67678944　67601101（邮购）
经　　销：新华书店
印　刷　厂：北京信彩瑞禾印刷厂
开本尺寸：880×1230　　1/32
印　　张：13
字　　数：210千字
版　　次：2012年1月第1版
印　　次：2012年1月第1次印刷
定　　价：38.00元（平装）

目　录

4

老子研究的历史性突破

萧　鸣

　　麦小舟先生编著的《老子的再生》一书即将付梓，我觉得应该为之写点文字。

　　通观《老子的再生》，我认为它是对《道德经》的高水准的阐释和正本清源之作，是老子研究的历史性突破之作，也是吸引当今人们走进老子世界的成功之作。它以深入而浅出、通俗而精到的语言文字深刻揭示了老子文化的丰富时代内涵及其普世价值，从而为使《老子》这部"东方圣经"更好地启迪国人、造福人类，作出了卓越的贡献。这是《老子的再生》留给我的深刻印象，也是我对它的总体评价。

　　2009年12月26日，是珠海市斗门区老子学会成立的日子。在此之前，我收到了出席该会成立大会的邀请，还收到了随函寄来的一本《再生的老子》，这是麦小舟编著、广东高等教育出版社于当年上半年出版的一部新书。

　　此前，我并不认识麦小舟，也不知道斗门县已是珠海市的一个区。

北京到斗门，山高水长，千里迢迢，而我必须在 26 日的下午回到北京参加会议，当天的午饭也可能没时间吃，但我仍然决心前往。我之所以如此决定，是因为我得到了一个讯息：《再生的老子》面世虽只有几个月，但已惊了"天"，动了"地"。"惊天"，是说已经有两百多位包括中共中央政治局委员在内的我国党政军高层人士阅读了这本书。"动地"，是指这部书的诞生地广东珠海，仅是其只有 33 万人口的斗门区已有逾万百姓被吸引走进了老子的世界。作为已有 16 年历史的中华老子研究会的负责人，我怎能不为之欢欣鼓舞啊！

2010 年 12 月，我又一次到斗门，参加斗门老子学会成立周年的纪念活动。这一次我没有来去匆匆，从而有更多的时间接触麦小舟，接触斗门的读者和与会的各界嘉宾。麦小舟是一个怎样的人？他为什么能读懂《道德经》？一年多来我一直在为此寻找答案。

据介绍，2000 年前后，斗门县（斗门是 2001 年撤县建区的）政府和珠海市文联，曾为麦小舟所著的《诗词三部曲》举办了三次颇有规模的研讨会。与会的学者报到的当天都称麦小舟为老师，可到了第二天早上，都不约而同地改叫他为书记。为什么？因为这里的官员，乃至街上的行人、酒店的服务员都亲切地叫他书记。1984 年至 1990 年，麦小舟任斗门县委书记。他离此岗位已有些时间了，斗门人民为何至今尚在怀念他、称赞他呢？因为他是个清官、能官和好官。他政绩卓著，且心里装着百姓。麦小舟当年是骑自行车上下班的，行人有事找他可让他在路边停下来。他的家和他的办公室对百姓是敞开的，什么人都可以上门找他。他也曾在家里接待过两位精神病患者。对于百姓的事情，他不仅记在心上，而且会以最快的速度予以解决。有一次，县委办公室主任陆永海在理发店听到有人发泄不满："我们打江山的受苦，他们坐江山的享福"。说话的是一位复员回乡的抗美援朝老兵，是一个受过伤、截了肢的残疾人。陆永海把这事报告给了麦小舟。麦小舟把相关情况弄清楚之后，即与政府商量，参照国家干部的低档工资标准给全县的所有属抗美援朝前的复员兵按月发放生活费。这样一个在某些区县也许会认为根本无法解决的问题在斗门只两天便解决了。

在我国现行体制下，麦小舟辞官从文后，便成了一个体制外的学者和文化人。他研究古典诗词、研究《道德经》，不大可能得到行政方面的立项与支持。为古典诗词走进新时代探索新路，从中华传统经典中寻找属于中华民族、属于人类的具有普世价值的文化，完全是出于他的自觉、他的使命感。为此，他还失去了公务员的退休待遇，失去了小康的退休生活。

麦小舟是个悟性相当高的人。这一点只要与他作短暂的接触和交谈，便能感受得到。正因为如此，中国社会科学院研究员胡孚琛和中华老子研究会副会长皮德义将军都曾情不自禁地当面称赞他悟性很高。

我终于明白了：正是由于麦小舟有爱民理政的体验，有廉洁奉公的情怀，又有强烈的历史使命感，加上他深厚的文学修养积淀和悟性，使他得以进入老子的世界，得以读懂《道德经》。

麦小舟被选为 2010 年度感动斗门十位代表人物之一。同年，他以作家（他至今尚未加入作协）和原县委书记的身份，入选"新中国影响广东 100 位贡献人物"。我认为，这是对他的人品、他的政绩以及他在国学研究上之成就的认可和肯定。

斗门老子学会是我国南方的一个基层学会，也是一个办得很出色的学会。它成立以来，在正本清源、去伪存真，还老子《道德经》的本来面目方面，在结合当前国情和世情把老子思想输送到乡村、厂矿、机关、企业、部队、学校方面，在为社会的和谐、国民人文素质的提升方面，做出了令人瞩目的成绩。尤其令我欣慰的是，该学会所表现出的对世人的强大吸引力：这个本属一个"小地方"的基层学会，瞬间变成一个其活动已不受地域局限的学会。这个学会的会员，除广东籍的以外，还有北京、新疆、山西、河南、四川、广西、湖南、福建等地的学者、企业家和退休官员，还有港澳台同胞和外籍人士。斗门老子学会为什么会有如此的成绩和影响力呢？首先，是离不开当地党委和政府的支持：斗门区委、区政府主动给学会安排办公用房，并拨给经费。该区领导都带头读《老子》，有的已把《再生的老子》看了四五遍。其次，是企业家的参与与支持：该学会现任正副会长八十多人中，企业家占了三分之二以上。他们不仅是老子的虔诚读者，热心的宣传员，还是学会财政的坚强后盾。此外，是有一批热心参与学会日常工作的义工：他们把传播老子文化视为神圣的事业，视为历史使命，不仅不要报酬，有的还开上自己的小汽车为学会服务。但从根本上说，这是老子文化自身强大的体现。斗门县委宣传部原部长梁友权，是《再生的老子》的首批读者之一。他感慨地说："如果我国的官员都按老子所说的去做，社会一定和谐，国家一定强大，天下一定太平。"该学会副会长、深圳汇德丰集团董事长蓝海说："作为商人不能只知道赚钱，而应负上一份社会责任。为此，我一直期待当今我国社会的道德状况得到改善，官场的风气得以走向清明，《再生的老子》使我看到了希望。我于是购了一千多本书，除组织本公司的员工学习外，余下的全送给我认识的官员。"他还出资十万元为学会定做了一尊铜质老子塑像。

皮德义将军把斗门人风起云涌学老子的现象称之为斗门现象。从这"斗门现象"，我们不难看出，不仅汉、唐、北宋的古代中国需要老子，当今中国更需要老子。

麦小舟告诉我，迄今为止，我国的党政军高层已有上千人拥有《再生的老子》，而斗门区的老子读者已增至 15000 人以上。我猛然意识到，在学习老子方面，放眼今天的中国大地，我们能看到两堆星火：一堆在高层，在北京；一堆在基层，在南海之滨。它们南北相映，上下相连，很有可能燃成燎原之势。

当前正是推动国人学《老子》的好时机。我在想，国人学老子需要党和政府的推动，还需要一本能帮助读者真正读懂《道德经》的高质量读本。诚然，《再生的老子》是一本难得的好书。它以专题的形式介绍老子的主体思想，对读者从总体上了解和把握老子文化是有重大帮助作用的。但由于它没有对《道德经》的词、句、章意做出详细的解读，因此还不足以帮助读者透彻理解《道德经》的原文，这对无论是国内的还是国外的读者来说，都不能不是一个遗憾。去年10月，斗门老子学会副秘书长金铃在北京告诉我，麦小舟在编写一部详细解读《道德经》的书，我真是喜出望外，并翘首以待。

麦小舟的写作效率很高，去年9月动笔，到去年底仅4个月便写出了初稿。同时，他对该书质量的要求也很高，到今年的6月中旬，已改出了第四稿。广西毛泽东哲学思想研究会会长宿富连教授给此书定名为《老子的再生》。近日，我把这部书稿细细地看了两遍，相当满意，并承诺由中华老子研究会帮助安排此书的出版和发行事宜。我们还会把这本书当做本会的珍贵礼品向国内外相关单位和个人隆重荐赠。

麦小舟对《道德经》的详解是通过字词诠释、古句今译和章意剖析三个步骤来实现的。

他在对《道德经》的字词进行解释的过程中，表现出十分认真和严谨的治学态度，无论多难解的字词，他都不会回避和放过，不把它弄通绝不罢休。例如对"无为"一词，在《道德经》的众多解读本中，有的根本不给予具体的解说，而是原原本本地把它移植到译文里；有的把它说成是虚无不作、静以制动、放任自流或比喻为少干事或不干事。这种模棱两可、含混不清的解释显然难于给读者以有效的帮助。麦小舟则认为：

"无为"不读 wúwéi，而读 wúwèi，是《道德经》中的专有概念，与清静无为、自然无为的意蕴相同或相近。它指的是善其所为，而不是一无所为；是按自然法则行事之为，而不是强作妄为。它是治国者的无私之为、以民为本之为和按自然法则行事之为，因此是优秀的施政理念、治国方略。"有为"，许多学者把它解读成有作为或大有作为。麦小舟认为"有为"在《道德经》中是强作妄为的意思。"愚"字，有人把它与愚笨、愚蠢、愚昧相提并论。麦小舟认为"愚"字在老子的词典中是个褒义词，意为敦厚、淳朴。麦小舟还告诉读者，"贵"字在《道德经》中出现了 18 次，表达着 15 种不同的意涵。

麦小舟对《道德经》的语句进行翻译时，很注意在通俗、准确和优美上下功夫。《道德经》第五十六章的最后一句话："不可得而亲，亦不可得而疏；不可得而利，亦不可得而害；不可得而贵，亦不可得而贱，故为天下贵。"有位学者是这样翻译它的："这样就不分亲、不分疏，不分利、不分害，不分贵、不分贱。所以为天下所尊贵。"这样的译文是否通俗，是否优美，我们姑且不论，但读者实在无法通过它领略到老子这话的思想真谛。麦小舟的译文则是："面对亲人，他们不会给予特别的亲近与关照；面对非亲非故的人，他们不会待之疏远与冷漠。面对利禄，他们不会孜孜以求；面对凶险，他们不会避而远之。面对高贵的人，他们不会奉承与献媚；面对卑贱的人，他们不会予以轻蔑与作贱。有了如此境界的人，便是天下所推崇的至尊至贵的人了。"这样的译文表意多么准确，用语又多么通俗。其文字之流畅与优美，更能给人一种如同欣赏优秀文学作品似的愉悦与享受。

麦小舟对《道德经》各章章意的剖析也是很费心思的，从而使读者获得的启迪良多。《道德经》的第七十二章："民不畏威，则大威至矣……"麦小舟在该章章意一栏中写道："官逼民反，这是古今中外永远不变的社会规律。老子认为，民反是官逼所致。历史和现实一再证明：当到了官场严重腐败、社会财富分配严重不均、社会公平正义严重缺失、社会道德严重沦丧之时，而最高统治集团又对此熟视无睹、放任放纵，或束手无策的情势下，社会革命就必定会爆发，统治者也必定要被推翻。所以他告诫统治者必须严于律己，以百姓之心为心，为他们谋利益、谋幸福，而不要站在百姓的对立面，去欺压他们，剥夺他们，否则就会自取灭亡。"这样的文字，可谓入木三分，振聋发聩。

胡锦涛主席在耶鲁大学的演讲中指出："一个民族的文化，往往凝聚着这个民族对世界和生命的历史认知和现实感受，也往往积淀着这个民族最深层的精神追求和行为准则。人类历史发展的过程，就是各种文明不断交流、融合、创新的过程。人类历史上各种文明都以各自的独特方式为人类进步做出了贡献。"

德国前总理施罗德在任上时曾通过电视呼吁每个德国家庭都应买一本中国的《道德经》，以解决人们思想上的困惑。

俄罗斯前总统、现任总理普京把老子的"治大国，若烹小鲜"作为自己治国理政的座右铭。

俄罗斯总统梅德韦杰夫于 2010 年 6 月在俄罗斯的彼得堡召开的《国际经济发展论坛》上向与会者建议，遵循中国古代伟大哲学家老子的教诲来应对世界金融危机。他引述了《道德经》第四十四章的话后说，金融危机的根源是消费主义引发资本和人的欲望膨胀，如果能够做到知足、知止，那么就可以在一定程度上避免这种危机的发生。

联合国秘书长潘基文在今年 6 月获得了连任。他在连任后的首次演说中援引了老子的"天之道，利而不害；圣人之道，为而不争"这句话。他强调应将这种不朽的智慧应用到今天的工作中，在百家争鸣的思想中，找到行动上的统一性。

为了让老子文化更好地施惠于华夏子孙、施惠于世界人民，我认为《老子的再生》这样的好书，不仅要出简体字中文版、繁体字中文版，还要译成英、法、德、意、俄、日、匈、韩、西班牙、葡萄牙和阿拉伯等文字出版，以促进中西方文化的交融，为世界开太平。

　　最后，我谨代表中华老子研究会，向麦小舟先生致敬，感谢他为新书《老子的再生》所付出的辛勤劳动、心血和智慧。

2011 年 6 月 28 日于北京
（本文作者是中华老子研究会执行会长）

南国奇人让老子重生
——《再生的老子》与《老子的再生》读后

宿富连

2008 年，麦小舟先生写成了一部研究《道德经》的书。这部书主要采用专题解读的方式介绍老子的主体思想。中国社会科学院哲学所研究员、博士生导师、全国老子道学文化研究会会长胡孚琛给它定名为《再生的老子》。

2010 年，麦小舟应读者的要求，对《道德经》八十一章的词、句、章意进行了详细的解读，又成一部新著。他嘱咐我给新作起名并作序。我想，它作为《再生的老子》的姐妹篇，就叫做《老子的再生》吧。

《再生的老子》从 2009 年上半年面世之后，真可谓好评如潮。

2009 年 3 月 11 日，是老子诞辰 2580 周年的纪念日。这天下午，老子故里、河南省鹿邑县政府在该县政府礼堂为《再生的老子》举行了隆重的首发仪式。该县县长刘政在致词中指出："《再生的老子》让老子思想获得了重生。"他又说："《再生的老子》的诞生，无论是对鹿邑还是老子文化都具有里程碑意义。"

原广东省人大副主任、作家张汉青撰文指出："时代在呼唤老子，中国从大国走向强国需要老子，和谐世界的构建需要老子。麦小舟为一种崇高的使命感所驱使而写成《再生的老子》，为弘扬中华文化和古代东方文明做了一件实实在在的大好事。"

2009 年 7 月 30 日，中共中央政治局委员、广东省委书记汪洋嘱省委办公厅写信，感谢麦小舟写成《再生的老子》。信中还说："重新挖掘中华传统经典著作中的时代内涵和普世价值，对于增强中国文化的软实力和世界影响力都有重要意义。麦小舟同志写成《再生的老子》一书，是在这方面做出了自己的一份贡献。"

迄今为止，包括中共中央政治局委员在内的我国党政军高层已有上千人读了《再生的老子》。而此书的诞生地，仅有 30 多万人口的珠海市斗门区此书的读者已有 15000 多人。

《再生的老子》为何刚面世便得到如此的好评和欢迎？老子文化在中国和世界文化史上享有怎样的地位？麦小舟先生是如何读懂《道德经》的？他在老子文化方面做出了怎样的贡献？本文试图就以上问题进行一些探讨。

老子文化是人类史上最优秀的文化

"老子天下第一"，不是中国人的自卖自夸，而是古今中外的有识之士的共同认知。

一、《道德经》是中华文化的品牌，老子是中华文化的一面旗帜。

我国晋代科学家葛洪，对中国文化及中华民族的道德精神之源头作了论说。他指出："道为百家之君长，仁义之祖宗也。"葛洪认为，老子文化是我国诸子百家的根基，也是中华道德精神之源头。宋太宗赵匡义说："老子《道德经》5000 言，读之甚有益，治身治国并在其中。"两获诺贝尔奖的英国科学家李约瑟指出："中国文化就像一棵参天大树，而这棵参天大树的根在道家。"他又说："中国如果没有道家思想，就会像是一棵某些深根已经烂掉的大树。"胡孚琛教授认为：老子的道是中华民族传统文化的核心。老子是中国的哲学之父，世界的哲学之父，也是世界自由民主的权舆。所以，鲁迅指出："中国文化的根底全在道教（道学——著者按）"。他又说："不读《道德经》就等于不懂中国文化。"

可见，《道德经》是中华文化的品牌，老子是中华文化的旗帜。

二、以老子为代表的中华传统文化哺育了强大的古代中国，并曾施惠于欧洲的近代复兴。

温家宝总理指出："文化是一个民族的精神和灵魂，是一个民族真正有力量的决定因素，可以深刻影响一个国家发展的进程，改变一个民族的命运。"

盛唐、强汉的中国是当时世界最强大、最先进的国度。 那么，汉唐时代的中国所奉行的是哪一家的文化呢？麦小舟通过对中国文化史的深入研究之后，得出了这样的结论："文景之治"、"贞观之治"、"开元之治"以及汉昭帝和汉宣帝的中汉盛世，这几个辉煌的历史时期，所主要奉行的不是别的什么文化，而正是曾被认为已走向边缘的道文化。老子的道文化，是我国汉、唐和北宋时期的官方文化、主导文化。美国明道大学校长、道家基金会主席张诸通也指出："整个中国历史上只有两个朝代即汉朝和唐朝奉行道的哲学。这是当时全部地球文明中最健康、最幸运、最先进的国度。"

明朝，尤其是清朝，以"三纲五常"为核心内容的儒术——这一儒家文化中的糟粕全面统治了中国社会，道学和易学被彻底打入了地下。这种文化局面带给中国的是什么呢？是民穷国弱的历史，是一百多年被外国欺凌的历史。

诺贝尔奖得主、欧洲科学家普利高辛说："中华文化是欧洲科学的灵感和源泉，欧洲近代文明和科学技术的飞跃发展与中国传统文化的渗入有直接关系。"麦小舟认为："以老子文化为品牌、为旗帜的中华文化，催生了欧洲的近代哲学，催生了欧洲的民主文化，也为欧洲的科学提供了灵感和源泉。"

这就表明，以老子道文化为代表的中华文化，不仅哺育了强大的古代中国，也曾施惠于欧洲的近代复兴。从中我们不难领略到老子道文化之优秀和强大。

三、老子文化是人类未来的共同文化。

德国犹太思想家马丁·布伯说："在中国的儒、道、释三大传统中，具有世界意义的是道家思想。"普利高辛指出："道家思想在探究宇宙和谐的奥妙，寻找社会的公平和公正，追求心灵的自由和道德完满三个层面上，对我们这个时代都有启蒙思想的性质。"美国研究中国经济专家邓正莱认为："中国的前程，在于通过信奉和拓展老子的天道思想而回到本国的自由传统。"我国近代思想家魏源说："《道德经》是救世书。"这就是说，它可以救中国，也可以救世界。正因如此，美国的纽约时报把老子的《道德经》列为世界十大名著之冠，把老子列为世界古今十大作家之首。美国学者蒲克明预言："《道德经》是未来世界家喻户晓的一部书。"英国历史学家汤因比也预言："将来在文化上统一世界的，大概不是西欧国家，也不是西欧式的国家，而是中国。"西方人已把这种认知化为他们的行动。在欧洲，已掀起了一波又一波学习老子的热潮。在德国，每四个家庭就有一部《道德经》。

以上的评述与史实，清楚地告诉我们，老子文化是人类史上最优秀的文化之一，也必定会成为人类未来的共同文化。

他把《道德经》读懂了

老子文化是人类史上最优秀的文化，却也是很难弄懂的文化。由于时代语言的差异，老子写于两千多年前的《道德经》确实很难读，甚至会令人感到它像天书，像电报密码。

我国南宋学问家朱熹说："庄老二书，注解者甚多，竟无一人说得它本意出，只据臆说而已。"

德国学者龙利期·噶尔于1910年曾指出："老子那个时代，没有人能理解老子，也许真正认识老子的时代至今还没有到来。"

诚然，要让老子文化更好地服务于人类，必须得有人对它作出正确的解读。

"江山代有才人出，各领风骚数百年。"龙利期·噶尔发出如是评说后，历史已往前走了100年，在100年后的今天，终于有一个人应运而生了。他读懂了《道德经》，读懂了老子。他就是麦小舟。

胡孚琛教授于2008年12月读了《再生的老子》书稿之后，随即乘机南下，约麦小舟到广州见面。他对麦小舟说："《道德经》诞生2500多年来，研究它的人不计其数，但还没有人能真正读懂它。就拿当今中国来说，有多少大学者在研读它，有的还为之付出了毕生的精力，想弄懂它却无法如愿。你不是专职学者，学历也不算高，研究它的时间又那么短，奇怪的是，你怎么就能把它读懂弄通的呢？"他在为《再生的老子》所写的序言中，赞誉麦小舟为"南国之奇人"。

中山大学哲学教授乐志强撰文指出："自古以来，《道德经》的注疏本、研究专著、辅导教材，可谓林林总总、汗牛充栋，但像麦小舟的《再生的老子》那样精准全面、深入浅出、通俗平实，那样以时代性、前瞻性、启迪性的思维和方法，去解读《道德经》的论著，却是前所未见，绝无仅有的。"

这样说来，麦小舟是把《道德经》读懂了。

那么，麦小舟为何能把《道德经》读懂的呢？

第一，得益于他丰富的人生阅历。

麦小舟有工农兵学商的经历，还当过官，从过文。他的前半生是这样走过来的：求学18年，从政20年，为文12年，打工4年，经商3年，当兵2年，务农1年。如此丰富的人生经历，是他读懂《道德经》的重要条件。

《再生的老子》中有一讲叫《孤家寡人》，介绍的是老子所主张的为官之道。全国老子学会副秘书长、研究员陈大明读了《再生的老子》书稿后说，他研究老子已近30年，根本没法发现《道德经》中蕴含有一条干部路线，而它又是如此系统、如此完整和如此优秀。他又说："也许，一个纯粹的学者是很难读懂弄通《道德经》的；也许，只有像麦小舟这样有着如此丰富人生经历的人，才有可能把它读懂弄通。"

中华老子研究会萧鸣会长说："从根本上说，老子的《道德经》是为治国者写的，老子的道就是修身治国之道。麦小舟担任地方长官多年，且心中装着百姓，所以与老子能发生心灵的共鸣。"

第二，得益于西方学者研究《道德经》的丰硕成果。

在近代中国，由于老子一直被压制，中国的学者，既受弱国国民心态的影响，又受极左思潮的束缚，因此在《道德经》的研究上难以取得突破，难以有所成就。而西方，不仅拥有比中国更多的老子读者，还在老子的研究上取得了丰硕的成果。麦小舟于是放眼西方，注意收集、研读、比较西方学者对老子的评价。美国学者弥尔敦说："无为的真精神，不是一无所为，而是善其所为。"麦小舟说，正是这句话给他打开了认识老子的清静无为思想的大门。美国学者蒲克明预言："《道德经》是未来世界家喻户晓的一部书。"麦小舟说，也正是这句话引导他去研究探索老子文化的普世价值。所以，他说，西方对《道德经》、对老子思想的精湛评说和评价就如一盏盏路灯，照亮了他研究老子文化的道路。

第三，得益于他独特的研究方法。

从事《道德经》研究的学者，在对它解读时，多是从我国历代的注解书中寻找依据，然后句对句地进行翻译的。麦小舟采取的则是与他们完全不同的方法。《道德经》共有八十一章，他发现每章都有一个中心思想。他翻译时，首先把各章的中心思想琢磨出来，然后围绕这个中心思想进行篇译。麦小舟说，这个方法的好处是：一可以避免译意上的荒腔走板；二能使一些难字、难句从中得到破译；三译出来的文字能构成一篇完整的短文，不仅意思完整，文理也连贯。

阅读参考书是研究《道德经》不可或缺的手段，大多数研究者往往把阅读的重点放在我国历代流传下来的注解书上。这类书有多少？共三千多种。麦小舟根本不看这类书，他看得较多的是史书，其中有中国社会发展史、中国军事史、世界科学技术发展史等。他是把老子文化放在中国和世界历史的发展中去考察和研究的。也许有人会说，读历史书与解读《道德经》风马牛不相及。其实不然，麦小舟正是从那大量的史料中发现，老子文化是汉、唐和北宋时中国的主导文化、官方文化。这一发现不仅修正了我国学者高谈了几百年的"佛治心、道治身、儒治国"，以及"半部《论语》治天下"这样的文化史观，也使他看到了道文化的历史作用和未来作用。这对他客观准确地评价《道德经》、评价老子都有重要的帮助。

第四，得益于他在改革开放的实践中形成的改革思维。

亚里士多德认为，文化思想的创造需要三个基本条件：一是天才人物对学问的真兴趣，二是充分的思想自由，三是充足的闲暇（时间之保障）。我不是说，麦小舟是个天才人物，也不是说他有充足的闲暇，更不是说他在创造文化思想。但他独立之思考、自由之思想，的确是他写成《再生的老子》的重要条件。

麦小舟在公社书记和县委书记的任上，十分热衷改革，敢于超前。

在那十年间，他实施了多项大大小小的改革，其中一项大举措是 1988 年率先于全国开展了公房私有的住房改革，为五年后全国铺开的住房改革提供了经验和做法。这些改革实践，使他形成了一种改革思维。"这话能不能说，这事能不能做"，与"这话该不该说，这事该不该做"，是两种完全不同的思维习惯。例如：对于老子天下第一的提法，曾有学者担心这会引起儒家学者的围攻，因为当今的中国人，只知道有孔子，而不知道有老子。对于普世价值和以道治国的课题，更有人劝告他要避而远之，否则可能会犯大错误。而麦小舟不仅旗帜鲜明地把这些观点或口号提了出来，而且进行了翔实的论证。

麦小舟为什么会这样说、这样做呢？他认为，做学问应该讲真话而不应该讲假话。林则徐诗云："苟利国家生死以，岂因祸福避趋之。"他认为，做学问的人也应具备这种境界，秉持这种精神。2009 年下半年，有位中将读了《再生的老子》后说："这本书写得确实好，也适逢其时。不过它要是诞生在 30 年前，书作者是否会招来灾难，那就不好说了"。历史告诉我们，在学术思想方面，先走一步的人可能会成为先驱，先走两步的人则往往会成为先烈。我觉得，为了社会的进步、人类的幸福，先驱也好，先烈也罢，总是需要有人去做，也总是会有人去做的。

更值得一提的是，麦小舟对独立思考精神的坚持。他反对以多数人和学术权威的认知作为评判学术成果对错、优劣的标准。他认为，真理未必都掌握在多数人的手中，学术上的许多新发现、新突破往往出自新人之见。而且，人云亦云，照抄照搬，只会窒息研究精神，妨碍学术进步。因此，他十分鄙弃这种思维和作派。《道德经》的第六十七章原文最后一句，绝大多数版本是"天将建（或救）之，若以慈卫之"，只有个别的版本弃"卫"用"垣"，即"天将建之，若以慈垣之"。麦小舟采用的是后者，并把它翻译成："上天要造就某一个人，就应该让他首先培育出一颗慈爱的心"。他认为，老子通过这句话提出了培育爱心是培育人的首要任务和核心内容的主张，这一思想不仅与该章的主旨相一致，而且有着重大的理论意义和社会实践意义。又如《道德经》的第二十三章的"希言"两字，绝大多数研究者把它理解为"少说话"。麦小舟则说："'希言'者，真理之言也。"正因为麦小舟在研究《道德经》中坚持独立思考，所以中华老子研究会萧鸣会长说："麦小舟写出来的东西都是自己的感悟和认知"。

他对老子文化的贡献具有时代意义

麦小舟通过他的《再生的老子》和《老子的再生》，对老子文化确实做出了具有时代意义的贡献。

一、他对《道德经》的原文作了准确的解读。

麦小舟对《道德经》的解读，乐志强教授用了"精准全面"来形容和评价。

所谓"精准"是指十分的准确。下面，我们举些例子来做比较。"善者不辩，辩者不善。"这是《道德经》第八十一章的话，一位专家是这样翻译它的："行为良善的人不巧辩，巧辩的人不良善"。麦小舟则是这样解说的："善良的人不逞口舌之辩，热衷于巧辩、伪辩的人多非良善之辈。""知者不博，博者不知。"这也是《道德经》第八十一章的话。同一位专家是这样解读它的："真正了解的人不广博，广博的人不能深入了解。"麦小舟的译文则是："知识渊博的人不会去卖弄学问，喜欢卖弄学问的人多无真才实学。"再如《道德经》第一章的第一句话："道可道，非常道。"麦小舟是这样翻译它的："我所说的'道'是可以说清楚、道明白的，但它不是人们日常行走于自然界中的道路，而是宇宙的本体与起源。"福建省老子学会会长李德建说：对"道可道，非常道"这句话，古今中外从来没有人像麦小舟这样解读的。但他的译文出来之后，大家都欣然接受。

所谓"全面"，是说麦小舟对《道德经》的准确解读，不是表现在一句半句上、一章半章上，而是表现在整部《道德经》上。而这个"全面"是以大量突破前人的识见来实现的。例如《道德经》第八章第三段："居善地……动善时。"研究者们历来把它说成是水之"七善"，麦小舟则认为这里说的是圣人之善。又如："君子居则贵左，用兵则贵右。"这是《道德经》第三十一章的话。有位专家是这样翻译它的："君子平时以左方为贵，用兵时以右方为贵。"麦小舟的译文则是："有道的治国者对自己的起居饮食之事看得很轻；对战争之事则看得很重，因此，处置起来格外审慎。"再如："为学日益，为道日损。"这是《道德经》第四十八章的话。有位学者是这样翻译它的："研究一般性的学问，所学的知识会越来越多；而研究'道'的学问，所学的知识会越来越少。"麦小舟则是这样解读的："从事一般性的学习，是为了不断增长知识和技能；而从事学道和修道，则要进行去除私心杂念的自我改造。"

　　麦小舟对《道德经》的精益求精的解读，还产生了一种直接的也是顺理成章的作用：使蒙在《道德经》上的污垢、栽在老子头上的罪名得以清扫与消除。

　　"小国寡民，使有什佰之器而不用。"这是《道德经》第八十章的话。绝大多数的注释家是这样翻译的："国土狭小，人民稀少，虽有工作效率高于人工十倍百倍的机器也不予使用。"于是就有人批判说：老子是反文化的，不仅反对一切科学发明，也反对利用一切科技成果。那么，麦小舟是怎样解读老子这句话的呢？他说："领土规模不大，人口数量不多，这是一种理想的民族区域自治的国家模式。这样的国家，视战争武器为无用之物，因为它不以拥有广阔的领土、众多的人口为目标，而以追求永久的和平为宗旨。"

　　"邻国相望，鸡犬之声相闻，民至老死不相往来。"这也是《道德经》

第八十章的话。对这句话，两千多年来人们都是这样解读的："虽然国与国之间相互都望得见，彼此的鸡鸣狗吠也能听得到，但人民由生到死从不相互往来"。于是也有人据此批判老子反对国际交往，反对旅游，反对人类过现代人的生活。麦小舟则是这样翻译老子这句话的："毗邻的国家虽然近在咫尺，鸡犬之声都能听得到，但彼此之间，世世代代都不会发生相互骚扰、相互侵害的事。"

可能是出于不理解，可能是出于极左思想的影响，也可能是出于别有用心，人们的确给《道德经》蒙上层层污垢，给老子栽上了许多的罪名。例如：老子的哲学是唯心的；老子推行的是愚民政策，是为奴隶主阶级和封建地主阶级服务的；老子是主张复古倒退的；老子的思想是消极颓废的；老子为人类设计的是一个乌托邦的社会；等等。由于有麦小舟对《道德经》的准确解读，这些污垢便不拭自去，这些罪名便应声而除。这样，也就使得世人从此得以仰望老子的真容，领略《道德经》的真义。

"通俗易懂"这是《再生的老子》和《老子的再生》的又一特色。麦小舟说，他的书是写给人民大众看的。他们看不懂的词语，他不会使用；他们看不懂的语句，他会坚决扬弃。麦小舟这两部书，只要有初中文化的人都能看得懂，这样就为《道德经》走进千家万户扫清了道路。

二、他系统地揭示了《道德经》的科学体系和丰富的时代内涵。

麦小舟并没有满足于对《道德经》文句的求解，还进一步为世人系统地揭示它的科学体系和丰富的时代内涵。

德国哲学家尼采指出：《道德经》满载宝藏。那么，《道德经》中究竟蕴藏着哪些珍贵的思想瑰宝、精神宝藏呢？《再生的老子》与《老子的再生》对《道德经》这个精神宝库进行了发掘，并把结果告诉世人。

老子通过他的《道德经》创立了他的哲学学说、伦理学说和政治学说。

首先，老子创立了相当完整的哲学思想体系。

老子为中华民族，也为全人类创立了相当完整的哲学思想体系。老子哲学，既有对宇宙起源和宇宙本体的探讨，又有对社会、对人生的探索；既有系统的认识论原理，又有丰富的辩证法思想。老子哲学，不仅在中国哲学史上居于主导地位，而且是古代世界哲学群山中的巅峰。更为难能可贵的是，直到今天，老子哲学中的基本原理和精神，仍被证明是科学的、正确的。

其次，老子铸造了中华民族的道德精神。

老子从善、爱、和几个方面构建起他的伦理精神体系。

善，是老子伦理学说中的核心内容。它包括无私奉献、舍身取义、知足寡欲、淡泊名利、节俭素朴、公平公正、诚实守信、谦虚卑下、礼让不争等道德理念。

爱，是老子伦理学说中的重要思想。老子主张真爱、博爱，主张无私无欲无己之爱。他认为，爱是道所抱持的第一法宝。他主张，对人的培养应把培养他们的爱心放在第一位。

和，是老子伦理学说中的基本理念。老子崇尚和生万物，和兴万事的精神。他认为"和"是自然、社会，也是生命的真谛。他希望世间没有纷争，人人友好相处。他反对以强凌弱，并提倡以德报怨的大德境界。

老子的伦理学说，植根于无私与慈爱的大德境界之上，被托尔斯泰誉为"不同寻常的道德高峰"。

再次，老子创建了以民本思想为核心的先进政治观。

在民本思想的课题方面：老子提出了民权至上的民本思想，提出了孤家寡人的公仆意识，提出了自由、民主、平等、博爱、人权、人道的先进政治理念。

在修身治国的课题方面：老子提出了"内圣外王"的主张。

在世袭与民选的课题方面：老子主张民选官，而反对世袭的家天下。

他主张贤者为王，而反对胜者为王。

在战争与和平的课题方面：老子高举反战的大旗，提出了"不以兵强于天下"和"不打第一枪"的反战名言。他还做出了侵略者、称霸者最后必定失败的预言。

在国际关系的课题方面：老子提出了相互尊重、平等相待、互相扶持、和谐共处等处理国际关系的基本准则。

在人与自然关系的课题方面：老子提出友爱大自然的环保思想等。

麦小舟又指出，在人类历史上，老子是提出民本思想、公仆意识、民主文化的第一人，是高举反战大旗的第一人，是提出和谐共处国际关系准则的第一人，是提出环保生态观的第一人，是提出空间理论的第一人。

如此系统、如此深刻地揭示出老子思想的科学体系、丰富的时代内涵，这在中外老子思想研究史上是前所未见的。

麦小舟还为我们指出：老子文化不仅体系完整，内涵丰富，而且是具有恒久价值的真理。它不会随时间的推移、时代的变迁、历史的发展有所减弱或改变，而是历久而弥新。正如德国学者龙利期·噶尔所说的："老子，他是推动未来的能动力量。他比任何现代的，都更加具有现代意义。他比任何生命，都更加具有生命的活力。"

修身治国思想，是《道德经》的核心内涵。如果说，孔子的道是封建士大夫的修身治国之道，老子的道则应是共产党人和一切以民为本的政府官员的修身治国之道。在我国历史上，道家文化曾培育出诸葛亮、魏征、范仲淹、刘伯温、孙中山、周恩来等一大批能人和圣人。周恩来从青年时代开始便对老子怀有相当的敬意，十分推崇老子哲学那种自然主义的宇宙观和人生观。1939年，他曾对《战旗》杂志社的曹天风说："'生而不有，为而不恃，长而不宰'是道家最精彩的话"。正是出于这种认识，他一生都以老子所推崇的圣人为榜样，像圣人那样做人处事。他在建国前夕曾说：

"领导群众的方式和态度，要使他们不感觉我们是在领导。"这就是老子的清静无为思想。建国后的头三年，在他主导下的政府就是这样做的。在我国的现代社会中，周恩来是践行老子思想的典范。他也因而得以人民的好总理的美誉而留芳千古。

正因如此，广东省斗门县原县委宣传部部长梁友权读了《再生的老子》后便感慨地说："如果我们的党员、我们的官员都能按老子的思想去做，社会一定和谐，国家一定强大，天下一定太平"。

三、他深刻阐述了老子文化的普世价值。

麦小舟在为世人揭示《道德经》的科学体系和丰富的时代内涵之后，又进一步探索了老子文化的普世价值。

什么样的文化才能称得上是具有普世价值的文化？麦小舟指出："一、它适用于全世界、全人类；二、它带给人类的是福祉，而不是伤害。"

普世价值文化应具有哪些功用？麦小舟认为：一、它能导人向善。二、它能给人类带来和平与安宁。三、它能确保世人享有真正的自由、民主、平等权利。四、它能为人类揭示出一个光明而美好的未来。

那么，老子文化具有普世价值吗？

麦小舟指出：一、老子道文化中的元宗教精神和至善、至美的道德理念能有力地导人向善。二、老子道文化中"和"的哲学精神能给人类带来和平与安宁。三、老子的植根于高尚的道德理念之上的民主文化能确保人类享有真正的民主权利和尊严。四、老子为人类揭示了一个光明而美好的未来。他又说："老子文化是导人向善的文化，是和平和谐的文化，是自由民主的文化，是世界大同的文化。它带给人类的只有福祉，而不会有伤害，因此具有毋庸置疑的普世价值。"

"老子是哲学的巨人、道德的高峰、政治的先知，老子文化具有普世价值。"这是麦小舟对《道德经》、对老子文化的研究结论。他的研究成果重新激活了《道德经》的生命力，使老子思想获得了重生。

正因为老子文化是具有普世价值的文化，所以，前苏联汉学家里谢维奇认为，"老子是属于全世界、全人类的"；所以，外国的一些政要，如德国原总理施罗德、俄罗斯总统梅德韦杰夫等真心实意地号召自己的国民买《道德经》、学老子；所以，《道德经》能在西方广为流行——据不完全统计，《道德经》在世界上的译本有近五百种，除《圣经》外，它是当今世界被翻译最多的一部书。

正因为《再生的老子》和《老子的再生》深刻揭示了《道德经》的丰富时代内涵及老子文化的普世价值，因此具有爱国主义教育、道德教育、修身治国教育的功能。正如林茂光将军指出的：它是教师、学生、工人、农民、商人、军人和公务员的必读之书、必修之课。

新加坡《联合早报》于2009年10月5日发表了题为《大国的另一种责任》的文章，对新中国六十周年庆典作了评述。文章说："已经站上了新台阶的中国，对未来却存在一定的困惑。除政治和经济制度有待健全之外，它更要面对价值观与信仰空洞化的窘境。""繁荣只是状态而非价值，盛典的繁荣景象与节节攀高的综合国力指标，是可以用来提振社会信心的，但不能成为指引未来的方向。""中国要昂然走过下一个六十年，它必须开拓出真正有中国特色与实际内容，能够整合国家意志的优秀价值体系，这是一个崛起中的大国的自身需要，也是对世界的责任。"由于麦小舟对《道德经》的准确解读，从而使我们找到了这样一套价值体系，它就是老子文化。中华民族的复兴需要老子，和谐世界的构建需要老子，人类的幸福需要老子，一句话，时代在呼唤老子。麦小舟这两本书的出版也就有了鲜明的时代色彩，重大的时代意义。

为破解《道德经》这部"天书"，两千多年来，一代又一代的精英曾前赴后继地不懈求索。所以，法国汉学家雷慕沙指出："老子的《道德经》

不容易理解，如果谁能把它全译并阐明它的内涵，那就是一个大功劳"。事实上，《再生的老子》面世之后，就广受赞誉。不过，麦小舟认为，如果可以说他对《道德经》的解读比较接近老子的本意，那是两千多年来所有老子的研究者共同努力的结果。他只是做了一件自己应该做的事情，而且是一件很平凡、很普通的事情。

麦小舟不是专职学者，而是一位业余文化人。他没有硕士、博士的学位，也没有教授、导师的头衔，但我敢说，他在古典诗词和老子研究方面所表现出的功力、奉献精神以及所取得的优异成就，在当今我国学界能与之比拟的，实在鲜有其人。中华老子研究会原会长邸振兴说："读懂《道德经》，这是历史赋予麦小舟的使命。"我想，如果麦小舟没有超凡之智慧，如果他不是个旷世之奇才，是断然难以肩负起这一重大历史使命的。《诗词三部曲》和《再生的老子》、《老子的再生》，堪称三大奇书、两座不朽的文化丰碑。如何增强中国文化的软实力和世界影响力，如何重建我国的官德民风，这是当今我国思想文化战线所面临的两大要务。麦小舟正是以他的三大奇书在这方面作出了重大贡献。所以，皮德义将军赞誉他为"当今中国思想文化战线上的一面旗帜"。我深信，实践和历史将证明，这麦氏三书是利在当代、功于千秋，是利在民族、功于人类的不朽之作。其所体现和传播的文明精神将与天壤同久，与日月齐光。

2011 年 6 月 18 日于桂林象鼻山下求真阁
（本文作者是广西毛泽东哲学思想研究会会长、享受国务院特殊津贴教授）

《道德经》详解

第一章

道可道，非常道。
名可名，非常名。
无，名天地之始；有，名万物之母。
故常无，欲以观其妙；常有，欲以观其徼。
此两者，同出而异名，同谓之玄。
玄之又玄，众妙之门。

道可道，非常道。

【词析】

道（前）：名词，宇宙的本体或本原，是个哲学概念。

可：可以、能够。

道（中）：动词，认识、述说、描绘。

非：不是、不同。

常：日常、平日。

道（后）：名词，路径，世人平日行走的自然界中的道路。

【译文】

我所说的"道"，是可以说清楚、道明白的。但它不是人们日常行走的自然界中的道路，而是宇宙的本体或本原。

名可名，非常名。

【词析】

名（前）：名词，名字、名称，指的是宇宙的本体或本原的名字。

名（中）：动词，起名、取名、定名。

名（后）：名词，自然界的道路的名字。

【译文】

这个宇宙的本原，我姑且给它起一个叫"道"的名字。但它不是人们日常行走的道路的名字，而是这个宇宙本原的名字。

无，名天地之始；有，名万物之母。

【词析】

无：道的别名或别称，是指处于宇宙创生前的虚空状态时的道。

名：是。

始：始祖、本始。

有：是道的别称或别名，指的是处于宇宙创生之际且已含有一派生机的混沌状态时的道。

母：母亲。

【译文】

这个既叫"无"又叫"有"的道，是天地之始祖，万物的母亲。道从"无"到"有"的过程，是道创生宇宙和宇宙万物的过程。

故常无，欲以观其妙；常有，欲以观其徼。

【词析】

常：恒常、永恒。

无：虚空状态时的道。

欲：意欲。

以：可以。

观：体察、了解、认识、探究。

妙：奥妙。

有：混沌状态时的道。

徼：读 jiào，轨道、规律。

【译文】

　　因此，从这永恒的"无"，我们可以去体察世间万物创生的奥妙；从这永恒的"有"，我们可以去认识世间万物变化所遵循的规律。

此两者，同出而异名，同谓之玄。

【词析】

　　两者：即无、常无，有、常有。

　　同出而异名：是"异名而同出"的倒装句，是说虽然无、常无以及有、常有这几个名称不一样，但它们都是宇宙本原的名字。

　　玄：幽深、神秘。

【译文】

　　"常无"和"常有"，虽然名称不同，但它与"无"和"有"一样，都是道的不同称谓。乍听起来，使人觉得它是那样的幽深和神秘。

玄之又玄，众妙之门。

【词析】

　　玄：同上解。

　　妙：神奇。

　　门：途径、出处。

【译文】

道是那样神秘，而它正是世间那神奇无比的自然万物的由来之处。

本章是老子所确立的宇宙本体论的总则。老子在本章提出的"道"的概念是老子哲学体系的核心。

宇宙是怎样形成的？天地人是从哪里来的？关于这个命题的理论就是宇宙论。

《圣经》说："是万能的神创造了一切，上帝用了六天时间创造了天地万物以及最初的一男一女。"

《古兰经》说："是至仁至慈的真主创造了天地万物以及最初的人。"

我们中国的先哲老子，没有去创造一个人格神，如上帝耶和华；也没有去创造神格人，如耶稣、圣母玛丽亚和释迦牟尼；同样没有去膜拜一个物象的图腾；而是去思考、探寻宇宙、万物、人类的根本——它的本质、本原、规律和道理等。他通过天才的思辨告诉世人，宇宙、天地人起源于道。

老子通过本章的文字告诉世人：他所说的道是可以说清楚、道明白的，它是宇宙的本体或本原。

宇宙创生前的虚空状态时的道（无）是形成宇宙的本始，宇宙创生之际且已含有一派生机的混沌状态时的道（有）是化生万物的母亲。

从这永恒的道（无），世人可以体察世间万物创生的奥妙；从这永恒的道（有），世人可以认识世间万物变化所遵循的规律。

道虽然显得那样神秘，但它却是宇宙间那神奇无比的自然万物的由来之处。

　　总之，是道创生了宇宙，创生了天地人和天地万物。所以，道是天地之本，万物之原，是人类认识世间万物、万事及其变化发展规律的指南。

　　有人从《道德经》中统计出的"道"字有 74 个，其实老子5000 言中，先后出现"道"这个概念的地方约有 150 处之多。除以上的 74 个道字外，有的是以道的别名或代称的形式出现的，如"一"、"无"、"有"、"常无"、"常有"、"大象"、"大制"、"利器"等。有的则是以隐藏于句中的形式出现的，如第四章的"渊兮，似万物之宗"（道是那样的深奥难测，它正是化生养育宇宙万物的母亲）一句，就隐藏着一个"道"字。《道德经》不仅以道开篇，以道收结，并且贯穿于 5000 言的始终。它就像有序地集结在璀璨夺目的思想链条上的珍珠。

　　出现在《道德经》不同章节中的"道"字的含义是不尽相同的。概括地说，道是物质，是宇宙的本原。道是科学精神。道是自然规律。道是道德境界。道是天人合一观。而出现在本章中的"道"字，指的主要是宇宙的本体或本原，是自然规律。

　　人类的文化史告诉世人，老子是人类历史上提出科学的宇宙本体论的第一人。

第二章

天下皆知美之为美，斯恶已；皆知善之为善，斯不善已。

有无相生，难易相成，长短相形，高下相倾，音声相和，前后相随。

是以圣人处无为之事，行不言之教。

万物作而不为始，生而不有；为而不恃，功成而弗居。

夫唯弗居，是以不去。

天下皆知美之为美，斯恶已；皆知善之为善，斯不善已。

【词析】

天下：天下人、天下有认知能力的人。

知：辨别、判断。

美：美的、美好的。

恶：不美、丑。

善：善的、好的。

不善：恶的。

斯：乃是、于是。

已：完成、完了。

【译文】

当人们知道什么是美，也就知道什么是丑了。当人们知道什么是善，也就知道什么是恶了。

有无相生，难易相成，长短相形，高下相倾，音声相和，前后相随。

【词析】

有：多、丰富、富有。

无：少、缺乏、贫乏。

相生：同时产生。

相成：相互成全、互为存在的条件。

相形：衬托、反衬。相倾：倾轧。

相和：混合、调和。

相随：伴随、不离不弃。

【译文】

与美丑、善恶这些概念同时在人们之头脑中产生的一样，有与无、难与易、长与短、高与下、音与声、前与后这些概念也是同时在人们的头脑中产生的。这种相反亦相成的正反依存关系，在自然界和社会中是普遍并永恒地存在的。

是以圣人处无为之事，行不言之教。

【词析】

是以：所以、于是。

圣人：道德高尚的治国者。

处：处理、施行。

无为：读 wúwèi，是《道德经》中的专有概念，与清静无为、自然无为的意蕴相近或相同。它指的是善其所为，而不是一无所为；是按自然法则行事之为，而不是强作妄为。它是治国者的无私之为、以民为本之为和按自然法则行事之为，因此是优秀的施政理念、治国方略（后面出现的"无为"均按此读、解）。

行：奉行、遵行、实施。

不言之教：身教，以自己的高尚行为感染人、教育人。

【译文】

为了扬善抑恶，存美去丑，圣人自觉地依自然无为的原则施政；并做到以身作则，对百姓进行潜移默化的引导。

万物作而不为始，生而不有；为而不恃，功成而弗居。

【词析】

作：孕育、生育。

万物作：是个倒装句，"万物作"就是"作万物"，即生育了万物。

始：始祖、父母。

生：化生、化育。

不有：不据为己有。"万物作而不为始，生而不有"的主体是大道。本句省略了主语"道"。

为：作为、成就事业。

不恃：不恃仗、不自傲。

弗居：不夸耀、不占据。"为而不恃，功成而弗居"的主体是圣人。本句同样省略了主语"圣人"。

【译文】

大道化生了万物，却不把自己看作是它们的母亲，也不把它们据为己有，这正是天道利而不害、为而不争的无私奉献精神。圣人也仿效这种天道精神，做到成就了事业而不恃己能，有了功劳而不据为己有。

夫唯弗居，是以不去。

【词析】

夫唯：正是、由于。

是以：所以、因此。

不去：没有失去、没有消失、没有被埋没。

【译文】

正是由于圣人不恃能、不居功，他们的功德和名声才得以流芳千古，永世不灭。

老子从美与丑、善与恶的关系立论，揭示了世间万物万事内部正反（矛盾）双方存在的相反相成、相依相存的辩证关系，指出事物内部正反双方的对立统一，是广泛存在于人世间和宇宙间的一个普遍而永恒的规律。

他告诫人们，无论是治国理政、还是为人处事，都要恪守自然法则，遵循事物的发展规律。他反对那种违背事物发展规律的行为。他要求世人既要有所为，也要有所不为。

他主张无为处事，这样可收无不为的效果。他主张奉行以身作则的不言之教，这样可补言教的不足。

他提倡为而不争的无私奉献精神，提醒世人要做到：成就了事业而不恃己能，有了功劳而不据为己有，以求无私奉献的天道精神的发扬。

他告诉世人这样一个道理：成就大业之后，越不恃能，越不居功，越谦下不争，越能得到人们的敬重和仰望，这才是真正的成功，完满的成功。

老子褒扬的是利而不害、为而不争的无私奉献精神。它既是天道精神，也是圣人情怀。

老子所揭示和倡导的对立统一的辩证观点和方法，为人们正确认识和解决社会和自然中的各种问题提供了一把万能的钥匙。

第三章

不尚贤，使民不争。不贵难得之货，使民不为盗。不见可欲，使民不乱。

是以圣人之治，虚其心，实其腹，弱其志，强其骨。

常使民无知无欲，使夫智者不敢为也。

为无为，则无不治。

不尚贤，使民不争。不贵难得之货，使民不为盗。不见可欲，使民不乱。

【词析】

尚：推崇、追逐。

贤：世俗之贤，世俗的名位之心。

不争：不争逐、不追求。

不贵：不贪恋、不迷恋。

难得：贵重的、稀有的。

货：钱财、财物。

不为盗：不去偷盗和抢掠。

见：同"现"，彰显、滋生。

可欲：贪欲、迷恋、违法的心性。

乱：扰乱、破坏。

【译文】

教导世人除去争名逐位的世俗名位之观念，以使他们不深陷官场的争逐。消减他们对贵重财物的贪婪欲望，以使他们不为此去偷盗和抢掠。防止他们滋生乱纪违法之心性，以使他们不去做扰乱社会的事情。

是以圣人之治，虚其心，实其腹，弱其志，强其骨。

【词析】

圣人之治：圣人的治国之道。

虚其心：净化心灵。

实其腹：保障温饱。

弱其志：消除、减损其奔走竞逐于名利场上的心志。

强其骨：增强其体魄。

【译文】

圣人的治国之道就在于：一方面，保障百姓的温饱，增强其体魄；另一方面，净化他们的心灵，消除其竞逐于名利场上的心志。

常使民无知无欲，使夫智者不敢为也。

【词析】

知：伪诈之心智。

欲：贪婪之念头。

智者：自以为聪明的狡诈之人。

为：妄为，轻举妄动。

【译文】

圣人通过不懈的言教与身教，使人们不生伪诈之心、贪婪之念，并令那些自以为聪明的狡诈之人也不敢随意妄为。

为无为，则无不治。

【词析】

为：读 Wéi，动词，意为实施、奉行等。

为无为：实施清静无为的政治。

无不治：没有治理不好的。

【译文】

只要坚定地实施清静无为的治国方略，国家就必能走上太平盛世之路。

本章是上章论无为之政的继续，是老子哲学中的政治论。

春秋战国，群雄争霸，诸侯们为了自己的霸业，视百姓为草芥，不停地你征我伐。奸佞之臣肆无忌惮地争名逐利，社会礼崩乐坏，民间盗贼四起，民生一片凋敝。为救黎民于水深火热之中，老子在本章中提出了矫治时弊的治国方针。

老子主张在群众中大张旗鼓地开展"不尚贤"、"不贵难得之货"、"不见可欲"的思想教育。他要求治国者坚持经济建设（实其腹）和道德建设（虚其心）两手抓。老子认为，与此同时坚定地实施清静无为的政治，国家就一定能走上太平盛世之路。

本章诸多名词皆有其特定的含义，如尚贤、无知、无欲、智者、无为等，只有正确认识和把握这些名词的特定含义才能避免误解和曲解。

第四章

道冲，而用之或不盈。
渊兮，似万物之宗。
湛兮，似或存。
吾不知谁之子，象帝之先。

道冲，而用之或不盈。

【词析】

冲：同"盅"，指容器，取容器中的空虚之义。
道冲：道就像一具空间无限的容器。
不盈：不穷竭，无穷无尽。

【译文】

道就像一具空间无限的容器，装载着无穷无尽的法宝，天地万物用之不会尽，使之不会竭。

渊兮，似万物之宗。

【词析】

渊：深水，引申为渊深难测之意。
似：似乎是、正是。
宗：始祖、宗祖；本原、母亲。

【译文】

道虽是那样的渊深难测，而它却是化生养育宇宙万物的母亲。

湛兮，似或存。

【词析】

湛：清澈、深且隐，形容道是一种看不见、听不到、摸不着的客观存在。

似：如真如幻。

存：真实存在。

【译文】

道是看不见、摸不着的，其形虽隐却确实存在。

吾不知谁之子，象帝之先。

【词析】

谁之子：谁所生。

象：好像。

帝：天帝。

之先：先其存在。

【译文】

我虽不晓得道是谁生育出来的，但可以肯定，像天帝这样的神灵被人们所接受和顶礼膜拜之前，它就已经先期存在了。

老子在本章中对道的客观存在性、本原性，进行了深刻而形象的论述。"湛兮，似或存。"他指出，道之形虽隐却确实存在。"渊兮，似万物之宗。"他又指出道是宇宙万物的母亲。"吾不知谁之子，象帝之先。"他还指出，在天帝这样的神灵被人们所接受和顶礼膜拜之前，道已经存在，而且在宇宙和宇宙万物创生之前已经存在。

老子还对道的生命力和创造力的无限性进行了论说。"道冲，而用之或不盈。"老子认为，道就像装载着无穷无尽的法宝而又空间无限的大容器。道无所不在，无时不有，蕴含着无限的生命力和创造力，是宇宙万物生长变化的源头活水与原动力。

"道冲，而用之或不盈。"这句话会令我们联想起"虚怀若谷"这句成语。道这容器因为容积无限，所以能装载无穷无尽的法宝与能量。作为世人，也只有那些虚怀若谷者才能吸纳那无穷无尽的知识，以使之智慧超群，本领超群，老子正是在这里给世人以哲理的启示。

第五章

天地不仁，以万物为刍狗。
圣人不仁，以百姓为刍狗。
天地之间，其犹橐龠乎？虚而不屈，动而愈出。
多言数穷，不如守中。

天地不仁，以万物为刍狗。

【词析】

天地：天地之道。

不仁：无偏恶、无偏爱，公平、正义。

刍狗：纸扎的狗，我国古代祭祀时使用的祭品。

【译文】

天地之道，秉持公平、正义的品格，它把自然万物均视作祭坛上的刍狗（祭祀时把刍狗当做祭品供在神台上，并不表示祭祀人对它的爱；祭祀后把它弃之甚至加以践踏，也不表示对它的憎）。

圣人不仁，以百姓为刍狗。

【词析】

圣人：品德高尚的治国者。

【译文】

圣人也效法天地之道，秉持公平正义的品格，坚持对百姓一视同仁。

天地之间，其犹橐龠乎？虚而不屈，动而愈出。

【词析】

橐龠：读 tuóyuè，鼓风装置即风箱。

虚：无比阔大且空空荡荡的空间。

屈：（音 jué）竭尽。

动：风箱的一呼一吸，指道的本能的、自然的活动。

愈出：不断产生。

【译文】

天地之道，就像一具空间无限且空空荡荡的大风箱，储藏着使宇宙万物得以化生化育的阴阳之和气，这阴阳之气在一呼一吸之循环运动中不断产生，没有穷尽之期。

多言数穷，不如守中。

【词析】

多言：太多的话，多余的话。

数：越发、更加。

穷：没趣、尴尬。

守：信守、奉行。

中：不偏不倚谓之中，这里是指平等、公平、正义。

守中：信守公平与正义。

【译文】

世人如其对道的公平、正义说些多余的、自讨没趣的赞颂话，不如以实际行动去信守它、奉行它。

老子在本章赞颂的是"天地不仁"这天道的公正品格，以及"动而愈出"这天道的奉献精神。

老子指出，天地之道对宇宙万物没有偏恶也没有偏爱，而是一视同仁地对待它们。圣人也效法天道，对百姓也没有偏恶和偏爱，而是坚持对他们一视同仁。天道这种公正品格方是无私、无欲、无己之仁，方是不仁者的大仁。

"天地不仁"还宣示了自然界当中万物平等的理念，而"圣人不仁"则反映了人类社会中人人平等的思想。在老子看来，宇宙万物包括人类都和刍狗一样，没有高贵与卑贱之分。同样的道理，在人类社会中，无论是达官显贵还是布衣百姓，是豪商巨贾还是贩夫走卒，都生而平等，没有等级上的差别。人类和万物都是由道创造出来的，道本身就代表公正和平等。

老子又指出，天地之道不辞辛劳地化生、养育宇宙万物，并平等地对待它们，是出自它的本性与本能，而没有丝毫的目的性。因此，不需要被创生者、被养育者对它说一句感激的话。天地之道在这里宣示的是一种无私奉献的精神。他还希望世人应仿效道的精神在为人处事上秉持公平和正义。

第六章

谷神不死，是谓玄牝。
玄牝之门，是谓天地根。
绵绵若存，用之不勤。

谷神不死，是谓玄牝。

【词析】

谷神：天地间的生养之神，老子在这里是以谷神喻道。

不死：永生不灭。

玄：奇妙、神秘。

牝：读pìn，动物之雌性。

玄牝：玄妙、神奇的母性，指道。

【译文】

道是天地间的生养之神，是永生不灭的。它化生万物犹如神奇的母性生育后代一样。

玄牝之门，是谓天地根。

【词析】

牝：同上。

之门：雌性动物的生殖器。

天地根：天地万物的根本或由来之处。

【译文】

它神秘得就像母性的生殖器，天地万物皆由此产出。

绵绵若存，用之不勤。

【词析】

绵绵：绵长、绵绵不绝。

若存：以某种形式存在于特定的环境中。

不勤：不疲倦、不穷竭。

【译文】

宇宙万物仿佛置身于这伟大母亲（道）的怀抱中，并从她那里享用到无穷无尽的生命养分，所以能够绵绵不绝地化生和繁衍。

老子在本章中再次强调，道是化生宇宙万物的根源，道化生万物的能力是绵绵不绝、无穷无尽的。

老子还把化生养育万物的道比喻为天下的雌性。他告诉世人，道就好比是伟大而崇高的母亲，天地万物从她那里获得生命和用之不尽的养分，但她养育而不占有，给予而不自恃其功。这种奉献而不索取的品格正是世间母亲的品格。

老子在本章中，以谷神的虚静、玄妙，借喻道之本质特征与存在状态，又以玄妙的雌性生殖器比喻道乃是万物生化养育之根源。本章的内容不仅是对第四、第五章道论的具体诠释，也是对第一章宇宙论的深入阐述。

第七章

天长，地久。
天地所以能长且久者，以其不自生，故能长生。
是以圣人后其身而身先，外其身而身存。
非以其无私邪？故能成其私。

天长，地久。

【词析】

天长：天长久地存在。

地久：地长久地存在。

【译文】

天与地长久地存在着。

天地所以能长且久者，以其不自生，故能长生。

【词析】

其：指天地。

不自生：不是为自己而生。

【译文】

天地所以能长久地存在，因为它不是为自己而是为天下万物而生。所以能够长久，能够永恒。

是以圣人后其身而身先，外其身而身存。

【词析】

后其身：把自身的利益置于民众的利益之后，不在权位名利上与人相争。

身先：引导、带领、领导。

外：去掉、放弃、牺牲，是方位名词作动词用。

身（后句前）：身体、生命。

身（后句后）：精神、高尚品格。

【译文】

圣人把自身的利益置于民众的利益之后，且不在权位名利上与人相争，天下人偏偏拥戴他们为领袖。圣人在维护正义、维护民众利益的事业中牺牲了自己的生命，却永远活在天下人的心中。

非以其无私邪？故能成其私。

【词析】

非：不正是。

邪：语气助词。

成其私：成就了自己。

【译文】

这不正是因为圣人不存私心，没有追求留名于世，反而铸就了其光辉而不朽的人生吗？

无私奉献，是本章的主题。

老子在本章中以一颗虔诚之心，热情地赞颂了高尚的名位观和生死观，歌颂了退让不争的高尚品格和舍生取义的伟大精神。

老子在本章中首先提出了天地为什么能长且久的命题。对此，老子回答说："以其不自生，故能长生"。它的意思是，因为天地不是为自己而是为天地万物而生而存，所以它能长生久存。这与《周易》中的"三无私"——天无私覆、地无私载、日月无私照的精神是一致的。它们无私、博大，甚至无欲无求，这正是天、地、日、月能够长久存在的原因。

　　接着，老子要求世人尤其是治国者应仿效天地、日月之道，以一种奉献和利他的精神去面对名位和生死。在名位面前，任何时候都要把天下人的利益置于个人的利益之上，做到先公后私，先人后己。面对生死，为了正义和民众的根本利益，做到不惜舍身取义。

　　最后，老子以"非以其无私邪，故能成其私"告诉世人这样的哲学道理：一个不存私心，不为自己打算，不追求留名于世的人，反而铸造了其光辉和不朽的人生。这种"利他"向"利己"的转化——天地不为自己而生反而能够长生，圣人把自己的利益置于众人的利益之后，且不在权位与名利上与人相争，反而被众人拥戴为领袖；圣人在维护正义和百姓利益的斗争中牺牲了自己的生命，却永远活在百姓的心中。这就是社会的辩证法、政治的辩证法。

　　老子在本章中，先以天长地久为喻，后以圣人不谋私利反而成就了自己为例，阐述了去私心、戒贪欲这一人生修养的重大课题。他告诫世人尤其是为政者，应效法天地和圣人，做到先公后私，先人后己。世人循此道修身必能长生，为政者循此道治国，必能国泰民安。

第八章

上善若水。

水善利万物而不争，处众人之所恶，故几于道。

居善地，心善渊。与善仁，言善信。政善治，事善能，动善时。

夫唯不争，故无尤。

上善若水。

【词析】

上善：上善的人、品德最高尚的人。

若：如、好比、具有。

水：水的品格。

【译文】

上善的人，具有如水一样的品格。

水善利万物而不争，处众人之所恶，故几于道。

【词析】

善：善于、一味。

利：施益、润育。

不争：不求得到好处。

处：处在、栖息。

恶：厌恶、不愿意。

几：接近、达到。

道：道的境界。

【译文】

水虽然一味地润育万物，却不要求得到任何的好处，只把自己栖息在人类所厌恶、所不愿意居住的地方。水的这种品格最接近道的境界。

居善地，心善渊。与善仁，言善信。政善治，事善能，动善时。

【词析】

居：处置。

善：善于、注重、能够（下同）。

地：低下（荀子说："至下谓之地。"）、卑微之意。

居善地：为人处事能像水那样处下不争。

心：心灵、心境。

渊：深水、渊深，引申为虚静、深邃。

心善渊：心境能保持虚静无欲的状态。

与：交往、待人接物。

仁：仁慈、友爱。

与善仁：待人能做到仁慈友爱。

言：言语、言行。

信：诚实守信。

言善信：言诚行信。

政：执政、施政。

治：大治、天下太平。

政善治：施政必能无为而治。

事：处事。

能：成功、顺遂。

事善能：做起事来必能处处顺遂。

动：行动、举措、决策。

时：时机、天时、时宜，引申为合乎时宜。

动善时：合乎时宜的施政举措。

【译文】

具有如水品格的圣人，总能像水那样处下不争，也总能保持无私无欲的心境。他们待人以仁爱、处事讲诚信。说到治国，他们必能实行清静无为政治。其合乎时宜的举措不仅事事顺遂，还能得到天下人的拥护。

夫唯不争，故无尤。

【词析】

夫唯：正是、由于。

尤：烦恼、尤咎、灾祸、凶险。

【译文】

由于圣人具有水一样的不争之德，因此，不会有因为追逐名利而不得所带来的烦恼，更可避免因在争逐名利中可能招来的灾祸。

这是一曲"无私奉献"与"谦让不争"的颂歌，是水之颂，也是德之颂。

水的美德主要表现在：一是利他性。是一种专门利人、毫不利己的奉献精神，是只施恩泽而不求报偿的大道精神。二是不争性。水对万民万物有万千的功劳，但它不争名逐利、泰然安于低处。这是一种谦下退让的美德。

"上善若水。"老子认为，水的"无私"、"谦下"的品格是治国者所应该具备的圣人之德。

于是，老子诚勉治国者要努力培养美善的道德情操，无私、谦下的思想品格。老子认为，只有当治国者具有如水一样的德行之后，才能去捍卫美善仁爱的道德精神，坚守公正、诚信的伦理原则，并能在治国中实行清静无为，更好地福泽世人。

不争，是水的本性、水的美德，也是水的智慧。以水之德为己德的治国者，应心系百姓，急他们之所急，图他们之所图。即使身处逆境、位居低下，也应不改赤胆之忠，不坠青云之志。

有人说，老子的不争太消极、太窝囊。其实老子的不争绝不是无原则的退让，更不是取消作为和竞争。老子是主张在逞强好胜、权位名利和生活享受方面不与人相争。但老子不争思想的内核是一种鲜明的争，坚定的争，这就是争社会的文明和谐、争人类的和平幸福，并为之无私奉献。试想，如果人人都做到无私奉献、谦让不争，一切邪恶还能有它滋生的土壤、存在的条件吗？那时的世界必定是和谐的世界、幸福美好的世界。因此说，老子提出不争的思想，是着眼于大局和长远的，是积极的。

"上善若水"，是中国传统文化特有的为人处世的方法与道理。所以，英国的李约瑟在他的《中国科学思想史·道家与道家思想》一书中说："在中国，由谦让和退让而得来的不可思议的美德、社会声望以及最后的面子，已成了这个文化的统治因素"。

第九章

持而盈之，不如其已。
揣而锐之，不可长保。
金玉满堂，莫之能守。
富贵而骄，自遗其咎。
功遂身退，天之道也。

持而盈之，不如其已。

【词析】

持：端持、捧起。

盈：盈满、充满。

已：停止、终止、适度而止。

【译文】

端持满满的一盆水而不使它外溢，无论如何小心都是很难做得到的，所以不如少装一些，做到适度而止。

揣而锐之，不可长保。

【词析】

揣：读 zhuī，锤击、敲打。

锐：锐利、锋利。

长保：长久保持。

【译文】

为了使利器保持锋利的状态而不断锤击它，是很容易使之崩裂，甚至折断的。

金玉满堂，莫之能守。

【词析】

金玉：黄金美玉、钱财。

满堂：满屋。

莫：没有谁。

之：它，是前置代词，"莫之能守"即"莫能守之"。

【译文】

黄金美玉积聚得太多时，要想守住它是不容易做得到的。

富贵而骄，自遗其咎。

【词析】

骄：放纵、骄宠、骄横。

自遗：自留、自取、自作自受。

咎：过失、灾祸。

【译文】

当一个人富贵之后，如果以富傲世，以富凌人，就必然要招致灾祸。

功遂身退，天之道也。

【词析】

功遂：功成名就。

身退：谦虚谨慎，收敛欲望，自律自爱。

【译文】

一个人功成名就之后，更应谦虚谨慎，提防骄横；更应收敛欲望，淡薄权位名利；更应自律自爱，力戒自贵自见。这样做体现的正是道的品格和精神。

"水满则溢，月满则亏"，这个道理，世人好像都懂得，但当其身历其境时，却往往犯糊涂，面对富贵不知满足，面对功成名就不知谦退。老子在本章中对这个问题进行了论述和诠释。

老子认为，万事万物的转化都有一个"度"，如果超越这个"度"，就会向它的反面转化。老子这一"不盈"和"戒盈"的思想告诉我们，做任何事都不应过分、过度、过头，而应适度而止。

功遂身退，是老子的重要思想。它要求人们在功成名就之后，更应谦虚谨慎，提防骄横；更应收敛欲望，淡薄权位名利；更应自律自爱，力戒自贵自见。

功遂身退，说来不难，做起来却不是件容易的事。还需指出的是，对于国家领导人来说，"功遂"之后能否"身退"，不仅是他们个人的政治品质问题，更重要的是，它直接关乎到民众的福祉、国家的兴衰。

老子所以称"功遂身退"为"天之道"，是因为它既是一种崇高的生命境界，更是一种积极的人生态度。而且，只有具备如水一样德行的圣人，才能真正践行它。

急流勇退不等同于功遂身退。人人在功成名就之后都隐身退去，这既不现实，也无必要。

本章的主题是通过论述自满、骄奢、贪欲之危害，倡导知足知止、戒骄戒贪之情怀与精神，要求世人特别是治国者以"功遂身退"为座右铭来加强自身的修炼。

第十章

载营魄抱一，能无离乎？
专气致柔，能如婴儿乎？
涤除玄鉴，能无疵乎？
爱民治国，能无为乎？
天门开阖，能无雌乎？
明白四达，能无知乎？

载营魄抱一，能无离乎？

【词析】

载：放在句首处的语助词，无实义。它的使用与"夫"一样，如严复在他的《〈道德经〉评点》一书中说的："夫黄老之道，民主之国之所用也"。

营：谋求、维护。

魄：魂魄，指人的神与形、心与身。

抱一：合一、融合统一。

离：离开。

【译文】

在日常生活中，能否使自己的魂和魄，即神与形、心与身常常保持无离无间化合为一的状态呢？

专气致柔，能如婴儿乎？

【词析】

专：同"抟"，结聚之意。

专气：运气，指精气、气息的运行。

婴儿：婴儿的气息、婴儿之和气，借喻无私无欲的状态。

【译文】

在治身修性中，能否做到使自身的气息就像婴儿那样充实柔和，升华到一种无私无欲的状态呢？

涤除玄鉴，能无疵乎？

【词析】

涤除：清洗、清除、洗涤。

玄鉴：心灵之镜。

疵：瑕疵。

【译文】

在学道修德中，能否把心灵镜面上的污垢清除得干干净净而不留下一丝一毫的私心杂念呢？

爱民治国，能无为乎？

【词析】

无为：清静无为。

【译文】

在福泽人民的治国中，是否真正践行了清静无为的施政理念呢？

天门开阖，能无雌乎？

【词析】

天门：鼻孔。

开阖：开、闭，指人的一呼一吸。

天门开阖：指练功时呼吸加速的情态。

雌：母性、静态，指的是柔顺安宁、退让不争的心性。

【译文】

在强身健体的修炼中，是否能保持柔顺安宁、退让不争的心性呢？

明白四达，能无知乎？

【词析】

明白：通晓。

四达：四面八方、诸多事物。明白四达是指明白事理，知规律、晓变化。

知：了解、洞察。

【译文】

经过以上的修炼，修道者身上的各种潜能必能得到激发，智慧之门必然大开，这样一来，世间之事以及其未来发展态势还有什么不可洞察和把握的呢？

老子在本章中揭示了修道者系统的修道之法。虽说，世人按此法修炼不一定能收到明白四达、功力无限的效果，但它不失为强体之法、开智之法、净化心灵之法。

老子在本章中还提出了"内圣外王"的重要思想。"涤除玄鉴，能无疵乎？"这是内圣之道，即修身之道。"内圣"就是要求治国者不断地自我审视、自我反省、自我改造、自我完善，通过自觉去除私欲妄念，把自己修炼成一个清廉自律、无私奉献、一心为民的圣人。只有这样的圣人才能担负起治国的重任。"爱民治国、能无为乎？"老子要求治国者时时叩问自己，在福泽人民的治国中，是否真正践行了清静无为的治国方略呢？这一治国之道，就是外王之道。外王之道也就是"善政"之道，它是老子"爱民治国"思想的体现。"善政"就是要求治国者以民为本，体察民情，尊重民意，一切从民众的利益出发，做到不施扰民之政，不举严酷之法，不课重苛之税；让人民自我做主、自我发展、自我完善，享有公平和正义。此外，治国者还应按社会规律和自然规律办事，做到不乱为、不妄为。用今天的话来说，"清静无为"、"善政之为"，就是按科学的发展观办事。老子的"内圣外王"之道，对我们今天打造廉能政府，促进社会公平、正义，保障百姓幸福、安康与尊严，建设自由、民主、文明、和谐的社会，有着十分重要的现实指导意义。

第十一章

三十辐共一毂，当其无，有车之用。
埏埴以为器，当其无，有器之用。
凿户牖以为室，当其无，有室之用。
故有之以为利，无之以为用。

三十辐共一毂，当其无，有车之用。

【词析】

辐：车轮中连接轴心和轮圈的直条。

共：与"拱"字相通，拱卫、集中。

毂：读gǔ，车轮的圆形轴心，四周有圆孔，可以插入辐条。

无：空虚处。

有：有了。

【译文】

用三十根辐条连接轴心和轮圈所制成的车轮，轮内那许多形状相仿的空虚部位产生一种作用力，使轮子易于转动，从而使它有了车的功用。

埏埴以为器，当其无，有器之用。

【词析】

埏：读shān，混合、糅合。

埴：黏土。

无：空虚处。

器：容器。

【译文】

通过制作器转动粘土做成的制品，因为它的中间是空虚的，这就使它有了容器的功用。

凿户牖以为室，当其无，有室之用。

【词析】

凿：开挖。

户：门。

牖：读 yǒu，窗。

无：空虚处。

室：房屋。

【译文】

以开凿的方式挖洞造窗开门，因为它的内中既虚空又开阔，也就使它有了房屋的功能。

故有之以为利，无之以为用。

【词析】

有：器物、房屋等的实体部分。

之：语助词。

利：依凭。

无：空虚处。

用：作用、用处、用途、使用价值。

【译文】

因为有实体部分的依凭，虚空部分便有了使用价值。

本章阐明了"有"与"无"、"利"与"用"之间的相互依存而又相互作用的辩证关系，在此基础上着重强调了"无"（空虚）的作用。

现实生活中的人大多只注意实有部分的作用，而忽略空虚部分的价值和重要性。老子在本章中通过论述车子、容器、房屋的"有"与"无"的关系后指出"故有之以为利，无之以为用"（因为有实体部分的依凭，空虚部分便有了使用价值），从而特别把"无"（空虚部分）的作用彰显出来。

老子在之前的十章中讨论的是哲学原理、道德精神和修身治国理念。为何突然在这一章论说起属于自然科学的空间理论呢？我以为老子有以下两个用意。

一是运用自然科学的知识来阐发他的哲学思想。房子因为有墙壁、门板和窗门这些实体部分，才使其空虚部分有了使用价值。这里揭示的是两两对立的方面是相互依存的关系。空虚部分因有实体部分的依凭而有了使用价值，使"无"转化为"有"，这里揭示的是对立双方在一定的条件下，会向其相反方面转化的辩证思想。

二是告诫治国者和世人应重视自身的道德建设。一个自然人是由魂（心灵、精神）和魄（躯体）组成的。魂（心灵）是空虚部分（无），魄（躯体）是实有部分（有），有魄无魂就不能成其为一个完整的人。一个完全不守道德规范、全无善恶是非观念的人只能是一具行尸走肉。老子在前面几章中反复提醒世人要去恶从善，治国者要把自己修炼成无私欲无妄念，只知奉献不求回报的圣人。他还强调治国者除抓好自身的修道建德之外，还应在治国中实行经济建设（实其腹）和道德建设（虚其心）两手抓。显然，这与老子在本章中特别彰显"无"的作用的用意是一致的。

"故有之以为利，无之以为用"，老子这一"有无相资"的空间科学理论，对世界建筑学曾产生了很大的影响。20 世纪 30 年代，我国建筑学家梁思成到美国向美国著名现代建筑学大师赖特请教建筑学的空间理论。赖特对梁思成说："请教这个问题，你到美国来干什么？这个问题老子那里就有答案。"赖特常用"凿户牖以为室，当其无，有室之用"来阐述他的空间概念。他把老子的"有之以为利，无之以为用"这一"有无相资"的话誉为最好的建筑理论。

第十二章

五色令人目盲；五音令人耳聋；五味令人口爽；驰骋畋猎，令人心发狂；难得之货，令人行妨。

是以圣人为腹不为目，故去彼取此。

五色令人目盲。

【词析】

五色：黄、青、赤、白、黑，缤纷的色彩。

目盲：眼花缭乱。

【译文】

缤纷的色彩会使人眼花缭乱。

五音令人耳聋。

【词析】

五音：宫、商、角、徵、羽，指各种各样的音乐。

耳聋：听觉不灵，丧失听力，听觉功能受损。

【译文】

纷乱烦躁的音调会使人听觉不敏。

五味令人口爽。

【词析】

五味：古代以甜、酸、苦、辛、咸为五味，此处泛指各种各样的味道。

口：胃口。

爽：受伤、受损、败坏。

【译文】

太多的美味佳肴会使人的脾胃受损。

驰骋畋猎，令人心发狂。

【词析】

驰骋：纵马奔驰、放纵自己。

畋猎：打猎、猎取鸟兽。

发狂：狂乱、放荡、心态失常。

【译文】

纵情狩猎，会使人心态失常。

难得之货，令人行妨。

【词析】

难得之货：稀有的货物、贵重的货物、奇珍异宝之类的货物。

行妨：行为不轨。

【译文】

贵重的货物会使人萌生贪念，并引发不轨的行为。

是以圣人为腹不为目，故去彼取此。

【词析】

为腹：温饱。

为目：酒色财气，声色犬马般的享受。

去：放弃、摒弃。

取：守住、留住、保留、维持。

【译文】

　　有道的治国者只需食饱腹、衣暖身的简朴生活，而不追求酒色财气、声色犬马般的奢靡享受。所以他们守持的一定是前者，而抵制的一定是后者。

　　老子在本章中阐发的是治身修性去奢敛欲之道。

　　老子指出，缤纷的色彩会令人眼花缭乱，纷乱烦躁的音调会使人的听觉不敏，太多的美味佳肴会使人的脾胃受损，纵情狩猎使人的心态失常。他以此告诫人们，过度则枉，过度则害，因此要自觉守度，而不要过分追求。

　　接着，老子明确地要求治国者维持一种食饱腹、衣暖身的简朴生活，而不应去追求酒色财气般的奢靡享受。

　　在物欲横流、物质文明高度发达的今天，老子在本章中阐发的思想是很有针对性和现实意义的。

第十三章

宠辱若惊，贵大患若身。

何谓宠辱若惊？宠为下，得之若惊，失之若惊，是谓宠辱若惊。

何谓贵大患若身？吾所以有大患者，为吾有身。及吾无身，吾有何患？

故贵以身为天下，若可寄天下；爱以身为天下，若可托天下。

宠辱若惊，贵大患若身。

【词析】

宠：宠爱、宠信、得宠，被施予荣耀。

辱：受辱、屈辱、羞辱。

若：如、一样、同样。

惊：惊恐、诚惶诚恐。

贵：重视、在意。

大患：得失、祸患。

身：自身。

【译文】

得宠与受辱之所以都会使人感到惊恐，是因为他们过于在意自身的荣辱与得失。

何谓宠辱若惊？宠为下，得之若惊，失之若惊，是谓宠辱若惊。

【词析】

何谓：什么是、为什么说。

宠为下：受宠者是甘作自贬人格的下人。

得之：得到宠信。

失之：得不到宠信。

是谓：这就是。

【译文】

为什么说得宠与受辱都会让人感到诚惶诚恐呢？这是因为，宠与辱对每个人的尊严都是一种伤害。受辱固然使人的自尊受损，受宠也不是什么荣光的事，因为施宠者是主人，受宠者则是甘作自贬人格的下人。下人得到主人的宠信自然会受宠若惊，得不到主人的宠信也必然会万分失落，这就是宠辱皆使人惊恐的原因。

何谓贵大患若身？吾所以有大患者，为吾有身。及吾无身，吾有何患？

【词析】

吾：我们。

为：因为。

有身：有身体、有权位名利等私欲。

【译文】

该如何理解世人为何如此看重自身的荣辱与得失呢？世人之所以总会被一些荣辱得失之事所困扰，是因为他们有身体，有权位名利等私欲。如果他们把身体看成不是自己所私有，并把自己的一切包括生命都交给社会、交给众人，那还有什么荣辱得失可言呢？

故贵以身为天下，若可寄天下；爱以身为天下，若可托天下。

【词析】

贵：珍惜。

寄：寄托、交给。

爱：珍爱。

托：委托、托付。

【译文】

你如果能够像珍惜自身一样珍惜天下，众人就可以放心把天下交给你治理了；如果你能够像珍爱自身一样珍爱天下人，众人就可以放心把天下人托付给你照料了。

超越自己，做一个摆脱了私欲，具有独立人格，又有益于社会、有益于众人的人，这是本章的题旨。

老子从"宠辱若惊"入手展开对上述题旨的讨论。他认为，得不到宠信固然会使人的自尊受损。其实，得宠也不是什么荣光的事，因为施宠者是居高临下的主人，接受宠信者则是甘作自贬人格的下人。下人得到主人的宠信自然会受宠若惊，得不到主人的宠信也会万分失落，这就是宠辱若惊。

那么，一个人如何才能从"宠辱若惊"而达至"宠辱无惊"的境界呢？老子的答案是要超越自我、超越权位名利的世俗观。他希望世人、尤其是治国者能够把生命看作不是自己所私有，并把自己的一切交给社会，交给众人。可见，宠辱无惊的人是觉悟的人、自由的人、纯粹的人、高尚的人。

老子还认为，只有那些能够把个人的利益、个人的荣辱得失置之度外的人，才能做到像珍惜、珍爱自身那样，去珍惜、珍爱天下和天下人，也只有这样的人才能担当起爱民治国的重任。

第十四章

视之不见，名曰夷；听之不闻，名曰希；搏之不得，名曰微。

此三者不可致诘，故混而为一。

其上不皦，其下不昧，绳绳兮不可名，复归于无物。是谓无状之状，无象之象，是为惚恍。

迎之不见其首，随之不见其后。

执古之道，以御今之有，能知古始，是谓道纪。

视之不见，名曰夷；听之不闻，名曰希；搏之不得，名曰微。

【词析】

夷："夷，灭也。"形容无象。

希："希，静也。"形容无声。

微："微，无也。"形容无形。

老子这三句话都是倒装句，"视之不见，名曰夷。"应调整为"夷，视之不见"。另两句类推。

【译文】

对于道，人们无法看到它的形象，也听不见它的声音，更触摸不着它的形体。

此三者不可致诘，故混而为一。

【词析】

三者：指夷、希、微。

致诘：盘问、深究。

【译文】

夷、希、微，这三者是不能再作区分和深究的，因为它们是混合而成一体的。

其上不皦，其下不昧，绳绳兮不可名，复归于无物，是谓无状之状，无象之象，是为惚恍。

【词析】

其上：上方。

皦：读jiǎo，光亮，明亮。

其下：下方、下部。

昧：阴暗、昏暗。

绳绳兮：纷纷不绝、茫茫泯泯、无际无涯。

不可名：难以名状、难以描绘。

无物：看不见摸不着、不存在、消失了。

无状：没有形体。

无象：没有形象。

惚恍：若有若无、闪烁不定、虚无缥缈。

【译文】

道的上方不显得光亮，其下部不显得昏暗。它茫茫泯泯、无边无际，实在无法把它的状态描绘出来，要看它又看不见，要摸它又摸不着，仿佛不存在似的。它是没有任何形体、任何形象的特殊物质，它又是那样的闪烁不定，那样的虚无缥缈。

迎之不见其首，随之不见其后。

【词析】

迎之：迎着它。

不见：看不见。

其首：它的头。

随之：跟着它。

其后：它的尾部。

【译文】

迎着它，看不见它的头；跟着它，也见不到它的尾。

执古之道，以御今之有，能知古始，是谓道纪。

【词析】

执：把握，运用。

古之道：自古以来就存在的道。

御：驾御、观察、研究。

今之有：今时的社会现象。

古始：远古，始初。

道纪：道的品格、规律。

【译文】

　　如果我们运用自古就存在的道，去观察分析当今的社会现象，就能了解宇宙和人类社会始初阶段的状况。为什么能做到这一点呢？因为我们把握住了道的品格与规律，既可以以古知今，也可以以今知古。

　　老子在本章中对道的物质属性作了进一步的阐述。他指出，作为物质的道，人们无法看到它的形象，也听不到它的声音，更触摸不着它的形体。为什么呢？因为它是无形、无声、无体的混然物；是没有任何形象（无象之象）、任何形体（无状之状）的特殊物；是有别于任何具体形物的非常物，是具有超时空特征的一种存在（迎之不见其首，随之不见其后）。作为物质的道，人们的感官是无法感知和认识它的。但它确实存在，它无时不有，无处不在。所以庄子说："道在天地日月，在蝼蚁稊稗，在瓦甓屎溺之中。"

老子还对道的社会属性进行了讨论。作为规律的道，人们是可以了解、认知和把握它的。掌握了道的规律，就能了解宇宙万物和人类社会的发展状况和趋势，既可以以古知今，也可以以今知古。

两千五百年前，人类对宇宙的认识水平还很低，对宇宙和人类的起源，世界上的哲学家还停留在神与非神的讨论。非神派也只是在水、土、火、气、原子等具体自然物上找答案。老子却能通过他的天才的思辨，对此做出科学的回答。老子指出，道是一种基本物质，它虽然看之不见、听之不到、摸之不着，却是一种真实的存在，并早在天地形成之前已经存在。它是与具体形物有所区别的特殊物质。它是宇宙的本体与起源，是化生天地万物的父母。

"物质是一种感觉不到的存在。"这是 18 世纪欧洲的哲学家给物质所下的定义。在此时的两千多年前，老子已对宇宙的起源、物质的概念给予了科学的阐述。

第十五章

古之善为道者，微妙玄通，深不可识。夫唯不可识，故强为之容：

豫兮，若冬涉川；犹兮，若畏四邻；俨兮，其若客；涣兮，若冰之将释；敦兮，其若朴；旷兮，其若谷；浑兮，其若浊。

孰能浊之以止，静之徐清？孰能安之以久，动之徐生？保此道者，不欲盈。夫唯不盈，故能蔽而新成。

古之善为道者，微妙玄通，深不可识，夫唯不可识，故强为之容。

【词析】

古之：古代，古时候。

善为道者：修道有成的人。

微妙：深入细微，学问精深。

玄通：非常通达。

深不可识：深邃得不易被认识和理解。

夫唯：正因如此。

强：勉强。

容：形容。

【译文】

那些修道有成的人思想深邃，处世通达，难以为常人所认识和理解。因此，对他们只好勉强作如下的形容。

豫兮，若冬涉川。

【词析】

豫：一种野兽的名字，兽性多疑。引申为犹豫不定，小心谨慎之意。

冬：冬天。

涉川：涉水过河。

【译文】

他们小心谨慎，就好像是冬天涉水过河似的。

犹兮，若畏四邻。

【词析】

犹：一种猴类野兽，反应灵敏、警惕性很高。引申为警觉戒惕、不张扬。

畏：恐惧。

【译文】

他们不事张扬，就好像是唯恐邻居受到惊扰似的。

俨兮，其若客。

【词析】

俨：恭敬、庄重。

客：宾客。

【译文】

他们恭敬庄重，就好像是宾客在面见主人时似的。

涣兮，若冰之将释。

【词析】

涣：活泼洒脱，和蔼可亲。

释：分析，融解。

【译文】

他们和蔼可亲，就好像能散发出如春之温暖以使冰块消融似的。

敦兮，其若朴。

【词析】

敦：敦厚。

朴：质朴。

【译文】

他们敦厚质朴，就好像未经雕琢的玉石似的。

旷兮，其若谷。

【词析】

旷：空旷，宽阔。

谷：深坑，水流汇聚之地。

【译文】

他们胸怀宽广，就好像容量无限的溪谷似的。

浑兮，其若浊。

【词析】

浑：混在一起，混同、无间。

浊：浑浊。

【译文】

他们与民无间，就好像一泓清泉汇入一江浊水没法分清彼此似的。

孰能浊之以止，静之徐清？孰能安之以久，动之徐生？保此道者，不欲盈。夫唯不盈，故能蔽而新成。

【词析】

孰：谁，哪一个。

浊：污浊。

以止：防止被污浊的东西浸染、传播。

静：清静、镇定。徐清：变得清静。

安：守持。

以久：长久。

不欲盈：不骄满。

蔽：旧、衰老。

新成：新生。

【译文】

谁能在污浊的环境中做到洁身自爱，又能在喧嚣的氛围中保持镇定并做到心静如水呢？谁能在看似了无生气的孤寂环境中长久地守持，并保持旺盛的生命力呢？唯有这些永远进取的修道者。正由于他们永远进取，就算到了年迈之期，也能青春焕发。

老子在本章中为我们描述了古代修道有成者的优秀品格和高尚情怀。他们小心谨慎、不事张扬。他们恭敬庄重、和蔼可亲。他们敦厚质朴、胸怀宽广。他们与百姓亲密无间，同呼吸、共命运。他们能在污浊的环境中做到洁身自爱，能在喧嚣的氛围中保持镇定并做到心静如水。他们又能在看似了无生气的孤寂环境中长久地守持并保持旺盛的生命力。

　　以上是老子心目中"善为道者"的理想形象。他的用意是为世人尤其是学道修道者们树立观照学习的榜样。

第十六章

致虚极，守静笃。万物并作，吾以观其复。夫物芸芸，各复归其根。归根曰静，静曰复命。

复命曰常，知常曰明。不知常，妄作凶。

知常容，容乃公，公乃全，全乃天，天乃道，道乃久，没身不殆。

致虚极，守静笃。万物并作，吾以观其复。夫物芸芸，各复归其根。归根曰静，静曰复命。

【词析】

致：达到。

虚：虚无，空明。

极：极致、极度、顶点。

守：守持、坚持。

静：清静、宁静、安静。

笃：笃实、笃定、坚持、坚定不移。

并：同时、一同、一齐。

作：兴起、化生、生长。

复（前）：循环往复。

物：万物。

芸芸：纷繁众多。

复（中）：回复、复归。

根：本根、本源，生命的起点。

复（后）：恢复。

命：生命、生机。

【译文】

天下万物，芸芸众生，都是从虚静中来。虚至极点，静至极点之时，万物便竞相萌发。我于是以一颗安静、恬淡的心细细体察这万千生命的复归过程：这万物经过一段枝繁叶茂的生命途程之后，又各自回复到它的根柢——万物的初始阶段。万物归根时叫做清静或虚静，清静到了极点的时候因为有了新的能量，于是生命便复苏，恢复其勃勃生机。

复命曰常，知常曰明。不知常，妄作凶。

【词析】

复命：万物归根复命的过程。

常：规律。

知常：懂得规律、认识规律。

明：明白、高明、聪明、明智。

妄作：盲目行动，轻举妄动，肆意胡为。

凶：凶险、灾祸。

【译文】

归根后又复苏生命，是万物运动与变化的不变规律。了解并把握住事物的规律，这是明智的表现，因为这可以对事物的性质和发展趋势做出正确的判断和预见，并以此来指导自己的行动，做到立于不败之地。相反，无视规律盲目行动，必会招致灾难和凶险。

知常容，容乃公，公乃全，全乃天，天乃道，道乃久，没身不殆。

【词析】

知常：认识和掌握规律。

容：从容、宽容，无偏无执。

公：公正无私。

全：合理周全。

天：自然。

久：长治久安。

没身：一生、终其一生。

殆：灾祸、凶险。

【译文】

善于认识和掌握规律的治国者，遇事就能从容面对并能无偏无执，无偏无执就能公正无私，公正无私就能合理周全，合理周全就能合符自然，合符自然就能与道合真，与道合真就能长治久安，这样终其一生也不会有什么凶险了。

本章阐述的是为政者如何体道行道的问题。

老子在本章中首先揭示了归根复命这一宇宙万物发展的规律。归根复命，就是生生死死，死死生生，这是任何生命体都无法逾越的规律。世人从中可以悟出人生的真谛，这就是生不能带来，死不能带去。为此，老子要求世人要"致虚"、"守静"。就是要让人们的心灵保持一种宁静恬淡的状态，以抵御名利欲望的诱惑和外部世界的纷扰，做一个与道合真、品德高尚的人。

接着，老子强调认识规律、遵从规律的重要性。他认为，了解和把握事物的规律，以它来指导自己的行动，这可使诸事畅顺。相反，背道而驰则必然会招致不好的结局。

　　最后，老子要求治国者以物观人，自觉进行心灵净化活动，自觉循规律行事。这样他们处理政务时，就能公正无私，周全合理；就能与道合真，与道共长久，使国家和百姓安享太平。这里体现的是老子以民为本的思想。

第十七章

太上，不知有之。其次，亲而誉之。其次，畏之。其次，侮之。

信不足焉，有不信焉。

悠兮！其贵言也。

功成事遂，百姓皆谓我自然。

太上，不知有之。其次，亲而誉之。其次，畏之。其次，侮之。

【词析】

太上：至上的、最好的。

不知有之：老百姓仿佛感觉不到君主的存在。

亲而誉之：亲近他，颂扬他。

畏之：畏惧他。

侮之：憎恶他、蔑视他。

【译文】

以道治国，这是最好的治国方略。君主完全以自然无为的原则施政，与人民相安无事，百姓仿佛感觉不到他们的存在似的。以仁义治国，这是次一等的治国方略。君主不是奉道为至上，而是施百姓以仁义，百姓因感其恩而表示拥戴以至歌功颂德。以礼法治国，这是再次一等的治国方略。礼法维护的是严格森严的等级制度，实行的是严酷的刑罚，百姓自然会对君主产生一种畏惧之情。以伪诈之术治国，这是再再次一等的治国方略。

君主把道德、仁义、礼法置于脑后，视百姓为草芥，滥用刑罚，横征暴敛，百姓自然会对君主产生一种憎恨以致反抗之心。

信不足焉，有不信焉。

【词析】

信不足：不能取信于人。

有不信：不受人信任。

【译文】

君主不能取信于百姓，百姓自然不会信任和拥护他们。

悠兮！其贵言也。

【词析】

悠兮：悠远、深长、平静、恬淡。

贵言：至高无上的道理。

【译文】

如果以平静的恬淡之心去比较君主的成败，历史的得失，自然能认识到：奉道而行，无为而治，实在是治国的至高无上之道理。

功成事遂，百姓皆谓我自然。

【词析】

功：功业。

成：成功、成就。

事：事业。

遂：遂愿，如愿以偿，达到目的，取得成功。

自然：自然结果。

【译文】

当百姓有了这一认识之后，一旦国家取得进步和发展时，他们会说，这是以道治国的自然结果。

老子在本章中所论的是君主的治国之道。

他比较了道治、德治、法治和伪治（以暴力和诈术治国）的不同内涵和后果，论证道治才是最好的治国方略。奉行道治的治国者，完全以自然无为的原则施政。那时的政府只是为百姓服务的工具，而不是施百姓以权力威慑的国家机器。在道治之下，百姓享有充分的平等自由权利、并与政府相安无事。百姓也非常欢迎这种治国之道，当国家取得进步和发展时，他们会说，这是以道治国的自然结果。老子于是认为，奉道而行，无为而治，这是治国方面的至高无上的道理。

老子还十分强调治国者取信于民之重要，君主不能取信于百姓，自然不会得到百姓的信任和拥护。

老子在本章中强调的是以道治国的重要性，褒扬的是自由平等的民本思想。

第十八章

大道废，有仁义；六亲不和，有孝慈；国家昏乱，有忠臣。

大道废，有仁义；六亲不和，有孝慈；国家昏乱，有忠臣。

【词析】

大道：道的理念、道的精神、道的思想。

废：废弃、缺失、消失。

有：需要、提倡、彰显。

仁义：仁爱与正义。

六亲：父、子、兄、弟、夫、妻，这里泛指家庭内外的亲缘关系。

不和：互相依靠、相亲相爱的和谐关系受到破坏的状况。

孝慈：孝道与慈爱。

昏乱：国君昏庸、政局动乱。

忠臣：忠贞之臣的精神和节操。

【译文】

在一个大道流行的自然状态下，仁义是以一种和谐的方式自然融合在大道之中，正如孝慈蕴涵在六亲的和睦中，忠臣蕴涵在国家安泰的情境之中一样，因此无须将这些道德观念和伦理关系特别地加以彰显。但如果大道遭到了废弃，社会的理想状态失衡，以致六亲不和、国家昏乱时，仁义、孝慈和忠臣就显得特别的重要和难能可贵，也就有提倡和彰显的必要了。

老子在本章中通过论说在大道废弃后，社会百病丛生，昏乱危殆的状况来反证道才是治国的根本这一真理。

在那大道盛行的自然状态中，道的精神浸透了社会政治和社会生活的各个领域，治国者实行以道的理念治国，百姓以道所规范的道德精神修身处世。在这样的社会里，仁义、孝慈存在于人们的行为之中，忠贞的节操也存在于臣子的思想和行为里。正因为社会不缺仁义、孝慈和忠贞之臣，也就没有提倡和彰显它的必要。

当大道缺失、社会的理想状态失衡、以至社会秩序大乱、政局危殆的情势之下，就不得不大力彰显仁义、孝慈和忠臣的作用。这时候需要仁义去消除暴戾，需要孝慈去救治被破坏了的六亲和谐关系，需要忠贞之臣去拯救危亡。我国历史上的岳飞、文天祥，这些忠贞之臣，不是出现在太平盛世的贞观朝，而是产生在风雨飘摇的南宋，原因就在这里。

奉道而行，这是治国的正理与坦途，舍本逐末是不可取的。返璞归真、循道而行、道化天下，才能使天下太平，使社会出现理想的状态。这正是老子对治国者的谆谆教导和殷切期望。

第十九章

绝智弃辩，民利百倍；
绝伪弃诈，民复孝慈；
绝巧弃利，盗贼无有。
此三者，以为文不足。故令有所属：见素抱朴，
少私寡欲，绝学无忧。

绝智弃辩，民利百倍。

【词析】

绝：拒用、除却、抛弃。

智：机巧、小聪明。

辩：花言巧语、诡辩，指的是奸猾之心性。

【译文】

治国者如能抛弃机巧、奸猾的治国之术，百姓就能得到百
倍的好处。

绝伪弃诈，民复孝慈。

【词析】

伪：奸伪。

诈：狡诈。

【译文】

治国者如能拒用奸伪狡诈的不正心术，为民树立榜样，民

众孝顺慈爱的天性就能得到恢复和发扬。

绝巧弃利，盗贼无有。

【词析】

巧：巧取。

利：以豪夺的方法获取的巨额财富。

【译文】

治国者如能除却巧取之心、豪夺之行，上行下效，盗贼也会失去滋生的土壤。

此三者，以为文不足。故令有所属：见素抱朴，少私寡欲，绝学无忧。

【词析】

三者：指绝智弃辩、绝伪弃诈和绝巧弃利。

文：指文治法度、准则。

有所属：心有所归属。

素：清白、纯洁。

朴：真朴。

少私：减损私心。

寡欲：收敛欲望。

绝学：抵制一切罪恶的、极端自私自利的有害学问和知识。

忧：忧患。

【译文】

治国者如只以上述三者作为治国理政的法度、准则，是远远不够的。因此，还要引导百姓修道建德，使他们心有所属：追求纯洁，抱持真朴；减损私心，收敛欲望。使他们能抵制一切罪恶的、极端自私自利的有害学问和知识，以摆脱忧患的困扰。

上一章，老子就如何救治大道废弃后百病丛生的社会，提出了一个总方针，这就是奉行大道。为了救治这种理想状态失衡的社会，老子在本章中提出了一个具体方法：这就是身教与言教相结合。

　　为使民有淳朴之风，国呈太平之象，老子要求治国者首先要以身作则，自觉做到抛弃机巧奸猾的治国之术，拒用奸伪狡诈之心机，除却巧取豪夺之心性，以抱持高尚的情操与德行，怀抱圣洁的信仰与追求。与此同时，引导老百姓学道修德，使他们追求纯洁、抱持真朴、减损私心、降低欲望。这样一来，百姓必能安居乐业，国家必能升平祥和。

　　老子还强调了这样的思想，即居上位者以身作则、为民榜样的无比重要。他指出，治国者如能拒用奸伪狡诈的不正心术，民众孝顺、慈爱的天性就能得到恢复和发扬。治国者如能除却巧取之心、豪夺之行，盗贼也会失去滋生的土壤。常言道，上行下效，上梁不正下梁歪。道德沦丧、腐败无能的统治者是铁定无法打造出一个民风淳朴、官民和谐的社会来的。

第二十章

　　唯之与阿，相去几何？美之与恶，相去何若？人之所畏，不可不畏。

　　荒兮，其未央哉！

　　众人熙熙，如享太牢，若春登台。我独泊兮，其未兆。若婴儿之未孩，儽儽兮！若无所归。

　　众人皆有余，我独若遗。我愚人之心也哉！沌沌兮！

　　俗人昭昭，我独昏昏；俗人察察，我独闷闷。

　　众人皆有以，我独顽且鄙。

　　澹兮！其若海；飂兮！其若无所止。

　　我独异于人，而贵食母。孔德之容，唯道是从。

　　唯之与阿，相去几何？美之与恶，相去何若？人之所畏，不可不畏。

【词析】

唯：应诺，恭敬的应诺，意为受到尊敬、尊崇。

阿：呵斥、责备。

相去几何：差距有多大？

美：赞美。

恶：厌恶、嫌弃。

相去何若：相差有几多？

畏：畏惧。

【译文】

受人尊崇与遭人呵斥，两者之间究竟有多大的差距？受人赞美与讨人厌恶，两者之间的差距又究竟有多大？无疑，前者是人们乐意得到的，后者是人们所畏惧的。而我呢，自然也不能例外的了。

荒兮，其未央哉！

【词析】

荒：广漠的样子，渺茫无边，指历史的深邃悠远。

其：指喜欢得到尊崇与赞美，害怕受到呵斥与厌恶的社会文化观念。

未央：没有穷尽、没有尽头、延续下去。

【译文】

喜欢得到尊崇和赞美，害怕受到呵斥与恶厌这种社会文化观念，自古以来就存在，而且还要延续下去。

众人熙熙，如享太牢，若春登台。我独泊兮，其未兆。若婴儿之未孩，儽儽兮！若无所归。

【词析】

熙熙：热闹欢乐、纵情狂欢。

太牢：具有牛羊猪三牲之肉的筵席。

若春登台：像在春和景明的日子里登上楼台欣赏美景似的。

泊：淡泊、恬静。

未兆：没有预兆、没有呈现迹象，这里是无动于衷的意思。

孩：动词，哺育。

未孩：未经哺育长成。

傫傫：读 léi，疲倦闲散、无精打采。

无所归：没有归宿处、没有融入到众人之中。

【译文】

众人来到这世界之上，好像是为了纵情狂欢，好像是为了享用丰盛的宴席，也好像是为了在春和景明的日子里登上楼台欣赏美景似的。而我呢，对此却是那样的淡泊，那样的无动于衷。我仿佛还是一个未经哺育长成的婴儿，那样疲倦闲散，简直无法融入到众人中去似的。

众人皆有余，我独若遗。我愚人之心也哉！沌沌兮！

【词析】

有余：财富多，丰足有余。

遗：匮乏。

愚：愚笨、愚蠢。

沌沌：浑浑沌沌、糊糊涂涂、愚钝无知。

【译文】

众人衣食无忧而且还有剩余，我却是如此的匮乏。我怀抱的是一颗愚笨人的心啊，是那样的浑浑沌沌。

俗人昭昭，我独昏昏；俗人察察，我独闷闷。

【词析】

俗人：世俗人。

昭昭：精明、明辨事理。

昏昏：糊涂、愚昧无知。

察察：洞察一切、明察秋毫。

闷闷：懵懵懂懂。

【译文】

世俗人显得那样精明，我却显得那样愚昧无知；世俗人对世事好像明察秋毫，我却是那样懵懵懂懂。

众人皆有以，我独顽且鄙。

【词析】

有以：有本领，有凭藉，有作为。

顽且鄙：冥顽不灵，如笨如拙。

【译文】

众人显得那样有作为，我却是那样的如笨如拙。

澹兮！其若海；飂兮！其若无所止。

【词析】

澹：读 dàn，辽阔浩荡。

其若海：它像大海一样宽广无边。

飂：读 liù，高空吹拂的大风。

无所止：没有终止的时候。

【译文】

世界就像大海一样无边无际，世事就像高空吹拂的风一样无止无休。

我独异于人，而贵食母。孔德之容，唯道是从。

【词析】

异于人：与众不同。

贵：重视、恪守。

食：资养。

食母：养育宇宙万物的母亲，这里指的是道。

孔：大、广大。

容：样态，容貌，可引申为思想和行为。

从：依从、遵循、支配。

【译文】

我与众人之所以不同，是因为我守护着大道，信仰它、遵从它、奉行它。其实，一个大德之人的思想和行为是受他的道行所支配的。

老子在本章中，描述了得道之人与世俗之人的差异与不同。

他认为，喜欢得到尊崇与赞美，害怕受到呵斥与厌恶，这对于世俗之人和得道之人来说都是相同的、一样的。但他们的思想和行为却存在非常大的差异以至对立，老子围绕以下几个方面进行了比较。

世俗之人来到这个世界上，仿佛是为了纵情狂欢，享受丰盛的宴席，观赏春和景明的美色。得道之人却对此无动于衷。他们就像尚未哺育长成的婴儿，对世俗人的行为无法理解更无法融入其中。

世俗之人攒财有道，且过着优裕的物质生活。得道之人则显得十分匮乏，他们的淳厚、诚实，甚至让人感到像个愚笨之人似的。

世俗之人显得很精明，对世事好像明察秋毫。得道之人却显得近乎愚笨，近乎懵懵懂懂。

世俗之人显得十分有本领，有作为。得道之人却会给人一种如笨如拙的印象。

得道之人与世俗之人的根本区别就在于：前者质朴，后者势利；前者可爱，后者鄙陋。

得道之人与世俗之人为什么会存在这样的差别呢？老子指出：这是因为他们信道、学道、尊道、行道。他们不求功利，不羡虚名，耐得住寂寞，看得开得失。他们不懈努力的是修道建德，以求精神上、道德上的不断升华。他们追求的是社会秩序和道德风尚的改善。

老子在第十八、十九和二十章这三章中表达的思想是紧密相联的。第十八章所说的是大道废弛后社会必定会出现仁义缺失、六亲不和、国家昏乱的状况，救治的根本方法是复行大道。为了医治百病丛生的社会，老子在第十九章中告诫治国者在复行大道的过程必须遵循的准则和具体方法。这就是身教与言教相结合。老子在本章中则是要求在复行大道的伟大社会工程中要从我做起，从自己做起，自觉修道建德。

第二十一章

　　道之为物，唯恍唯惚。惚兮恍兮，其中有象；恍兮惚兮，其中有物；窈兮冥兮，其中有精；窈兮冥兮，其中有信。

　　自今及古，其名不去，以阅众甫。吾何以知众甫之状哉？以此。

　　道之为物，唯恍唯惚。惚兮恍兮，其中有象；恍兮惚兮，其中有物；窈兮冥兮，其中有精；窈兮冥兮，其中有信。

【词析】

物：物质。

唯恍唯惚：隐隐约约、似有似无。

惚兮恍兮：恍恍惚惚。

象：是未形成具体的自然物时之象。

物（后）：是生成万物的基质。

窈兮冥兮：深远幽暗，指深入的探究。

精：精气。

信：生命信息。

【译文】

　　道是一种物质。它隐隐约约，似有似无，视之不见，摸之不着。然而，专心研究道的人在进入恍恍惚惚的境界时，可以认知到其中有象、有物、有精、有信。这个"象"是未形成具体的自然物时之象；这个"物"是生成万物的基质；这个"精"是生育万物的纯真精气，是万物内在生命力；这个"信"是一种生命信息。象、物、精、信四者，是道的有机组成部分，是生化万物的原动力。

自今及古，其名不去，以阅众甫。吾何以知众甫之状哉？以此。

【词析】

其名：道的名字。

不去：没有消失。

阅：审视、观察。

众：宇宙万物。

甫：起始、起点。

状：状况、样子。

以此：就凭这个道。

【译文】

从现今上溯到古代，大道从来没有消失过。我一直靠它来观察万物的起源。我凭什么知道万物始初的状况呢？凭的就是这个道。

在本章之前，老子对道的物质属性和客观存在性已有多次论述。他在第一章点明，道是宇宙的本体与起源，是化生宇宙万物的母亲。在第四章，他指出，道虽隐却确实存在，而且在宇宙和宇宙万物创生前已经存在。在第十四章，他又指出，道是无形、无声、无体，有别于任何具体形物的特殊物质。在本章，他再对这个问题进行了更深入的讨论。

老子认为，道作为一种物质，其中有象、有物、有精、有信。这个"象"，是未形成具体的自然物时之象；这个"物"，是生成万物的基质；这个"精"，是一种纯真的精气，是万物内在的生命力；这个"信"，是一种生命的信息。象、物、精、信，是道的有机组成部分，是化生万物的原动力。道这种物质，靠人的感官是无法感知出来的。老子是通过他天才的思辨得出的认知。这就使世人对道的物质性有了更深入、更丰富、也更形象的认识。

老子在本章中还指出，道自古以来就存在，是永恒不变的。这也令人们对道的客观存在性有了进一步的了解。

第二十二章

　　曲则全，枉则直，洼则盈，敝则新，少则得，多则惑。是以圣人抱一为天下式。

　　不自见，故明；不自是，故彰；不自伐，故有功；不自矜，故能长。夫唯不争，故天下莫能与之争。

　　古之所谓"曲则全"者，岂虚言哉？诚全而归之。

　　曲则全，枉则直，洼则盈，敝则新，少则得，多则惑。是以圣人抱一为天下式。

　　【词析】

　　曲：委屈、受屈。

　　则：却、反而。

　　全：保存、安全。

　　枉：弯曲、屈枉、屈就。

　　直：伸直、伸展、施展。

　　洼：低洼。

　　盈：充实、充满。

　　敝：旧、陈旧。

　　新：更新、出新。

　　少：少取。

　　得：得到、获得。

　　多：贪多。

惑：迷惑，因贪多反而得不到而产生的迷惑。

抱：抱住、守住、掌握、认同。

一：指上述所提到的辩证法则。

天下式：天下的模式、天下的准则。

【译文】

能承受委屈的反而可能得到保全，愿意屈就的反而可能得到施展；低洼之处反而可能首先得到充满，越是敝旧的反而可能最快得到更新；不想多取的反而可能会多得，贪多的反而可能什么也得不到。圣人认同这些辩证法则，并把它作为天下人所应遵循的思维和行动准则。

不自见，故明；不自是，故彰；不自伐，故有功；不自矜，故能长。夫唯不争，故天下莫能与之争。

【词析】

自见：固执己见。

明：明判是非。

自是：自以为是。

彰：彰显，真知灼见。

伐：炫耀。

有功：真正的功臣。

矜：骄恃。

长：长久，立于不败之地。

【译文】

不固执己见，方能明判是非；不自以为是，方能有真知灼见；有功而不炫耀，方是真正的功臣；有能而不骄恃，方能立于不败之地。具有不自见、不自是、不自伐、不自矜品德的圣人，尽管不去争当领袖，众人也必然会选择他们。

古之所谓"曲则全"者，岂虚言哉？诚全而归之。

【词析】

虚言：空话。

诚：诚然、其实、确实如此。

全：完全。

归：回归、达到、实现、体会、兑现。

【译文】

古代所说的"曲则全"，难道是一句空话吗？其实，在现实生活中我们是完全可以体会得到的。

本章阐述的是为人处世与人生修养问题，蕴涵着丰富的辩证思想。

"曲则全，枉则直，洼则盈，敝则新，少则得，多则惑。"这种辩证法则，普遍地存在于自然界和社会生活中。它正是道的固有属性的体现。老子的辩证思想，对世人趋利避害、做好工作、成就事业是大有指导意义的。例如，委曲求全，能屈能伸这种低姿态的生存方式，无论是对弱者还是强者都有帮助作用，都能给他们带来好处或赢面，获得更大的发展空间。

老子的辩证思想，还可以为世人的修道建德提供动力。不自见、不自是、不自伐、不自矜这"四不"，是不争之德的体现，也是我们培育不争之德的途径。当我们懂得"四不"与故明、故彰、故有功、故长这"四故"的辩证关系后，就必能更自觉地把它牢记于心，切实地贯彻到自己的修炼中，这样也就必能取得更好的修道建德效果。

第二十三章

希言自然。

飘风不终朝，骤雨不终日。孰为此者？天地。天地尚不能久，而况于人乎？

故从事于道者，同于道；德者，同于德；失者，同于失。同于德者，道亦德之；同于失者，道亦失之。

信不足焉，有不信焉。

希言自然。

【词析】

希：少、罕见、珍贵。

希言：希有之言、珍贵之言。最稀有、最珍贵之言，就是真理之言。

自然：自然规律、自然法则。

【译文】

真理出于自然，合乎自然。

飘风不终朝，骤雨不终日。孰为此者？天地。天地尚不能久，而况于人乎？

【词析】

飘风：刮风。

不终朝：不会持续一个早上，这里指的是整日。

不终日：不会持续一整天。

孰为：谁之所为。

久：持久。

人乎：人为之事呢？

【译文】

刮风不会终日，骤雨也不会整天。这刮风下雨之事是谁施行的呢？天地。天地所为之事尚且不能持久，何况人为之事呢？

故从事于道者，同于道；德者，同于德；失者，同于失。同于德者，道亦德之；同于失者，道亦失之。

【词析】

从事于道者：循道行事的人。

同于道：与道化合为一。

德者：以德修身的人。

同于德：德行越发高尚。

失者：不修道建德之人。

同于失：失道失德。

同于德者：德行高尚的人。

道：道行。

德之：提升、积累、丰盈。

同于失者：不修道建德的人。

【译文】

循道行事的人，必能与道化合为一。以德修身的人，亦必能修炼出高尚的德行。相反，不修道建德的人，必定会沦为失道失德之徒。积德能够进道，道随着德的积聚而变得丰盈。所以，德行越高的人，其道行也越高；不修道建德的人，道也自然离他而去。

信不足焉，有不信焉。

【词析】

信：相信、取信、信用。

不足：不足以、不足够。

不信：不相信、不信任。

有不信：就会有不信任的表示。

【译文】

如果统治者不能奉道修德，不能取信于天下人，天下人自然不会信任他们。他们离失败就不远了。

老子在本章所强调的是世人，特别是居高位的治国者修道建德的重要性。

他指出，以一颗虔诚的心，坚持不懈地修道建德，就一定能成为一个具有高尚道行和德行的人，否则就会沦为一个失道失德之徒。治国者失道失德之后就必定无法取信于民，必定得不到百姓的信任和支持。老子还指出，就连天地所施为的刮风下雨之事尚且不能持久，统治者的天下就更不是永恒不变、千秋承继的了。统治者一旦失道失德，背离百姓，失败就注定了。他们的天下就会像"飘风不终朝，骤雨不终日"那样不可避免地失去。

"希言自然。"老子还指出，他的这些话可不是胡诌的，而是至理真言。真可谓语重心长，振聋发聩。

第二十四章

企者不立，跨者不行。

自见者不明，自是者不彰；自伐者无功，自矜者不长。

其在道也，曰：余食赘形。物或恶之，故有道者不处。

企者不立，跨者不行。

【词析】

企者：用脚趾站立的人，踮起脚后跟站立的人。

不立：不能久立。

跨：以跳跃的方式行进。

不行：无法长时间坚持。

【译文】

踮起脚后跟站立，是不能持久的；以跳跃的方式行进，是无法长时间地坚持的。

自见者不明，自是者不彰；自伐者无功，自矜者不长。

【词析】

自见：固执己见。

不明：分不清是非。

自是：自以为是。

不彰：难以获得真知灼见。

自伐：自夸己功。

无功：得不到功劳。

自矜：自尊自大、恃才傲物。

不长：不长久。

【译文】

固执己见的人，往往会是非不明；自以为是的人，必定难以获得真知灼见；自夸己功的人，大众越不乐意把功劳授给他；自尊自大、恃才傲物的人，只会加速自己的失败。

其在道也，曰：余食赘形。物或恶之，故有道者不处。

【词析】

其：指自见、自是、自伐、自矜。

在道也：在有道者看来。

曰：可以说。

余食：吞下过量的食物。

赘形：人体上多余的东西，如疥疮、肿瘤等。

物：万物中的人类、普普通通的人。

恶：讨厌、厌恶、舍弃。

不处：不接纳、不接受、以此为戒。

【译文】

在有道者看来，自见、自是、自伐、自矜，就像人吞下的过量食物，又如人体上的疥疮、肿瘤那样多余。对这有害而无益的东西，普通人都尚且厌恶，心中有道的人就更应以之为戒了。

本章所论的是修身养性之道，是修道者的必修之课。

　　老子认为，固执己见、自以为是、自夸己功、恃才傲物，这些意识和行为，与道的精神是相违背的。它就像吞下的过量食物，又如人体上的疥疮之类的东西一样，是那样的多余、那样的令人厌恶。作为一个修道者，必须以此为戒，必须坚决摒弃。

　　自见、自是、自伐、自矜，这"四自"，是一切追慕虚荣者的通病，对社会、对个人也都是有害无益的。培根曾说："自夸自赏为明智者所不取，为愚昧者所追求。"托斯·肖比斯说："一个真正伟大的人从不关注自己的名誉。"

　　在当今社会急剧变革、世人大多心态浮躁的境况下，力戒"四自"，去掉浮躁有着非常现实的意义。

第二十五章

有物混成，先天地生。

寂兮寥兮，独立而不改，周行而不殆，可以为天下母。

吾不知其名，强字之曰道。强为之名曰大，大曰逝，逝曰远，远曰反。

故道大，天大，地大，人亦大。域中有四大，而人居其一焉。

人法地，地法天，天法道，道法自然。

有物混成，先天地生。

【词析】

物：指"道"。

混成：由象、物、精、信浑然生成。

先：先于，在……之前。

生：生存、存在。

【译文】

由象、物、精、信四者浑然而成的道，先于天地而存在。

寂兮寥兮，独立而不改，周行而不殆，可以为天下母。

【词析】

寂：无声、寂寞。

寥：空虚、寥廓。

独立：独自屹立。

不改：不改变。

周行：周而复始地运行。

不殆：不停歇。

天下母：天下万物的本源。

【译文】

它无声无形，不依附任何东西而独立存在，而依故有的规律周而复始、永不停歇地运行。它不停不息地化生万物，因此是宇宙万物的母亲。

吾不知其名，强字之曰道。强为之名曰大，大曰逝，逝曰远，远曰反。

【词析】

强：勉强。

字：命名、取名。

名（后）：特征。

大：是说道弥漫于宇宙。

逝：流动，不停息地运行。

远：运行之无际无涯，无所不至。

反：有往有返。

【译文】

我不知道它叫什么名字，于是勉强地称它为"道"。对道的特征，也只好作这样的形容，就是大、逝、远、反。大者，是说它弥漫于整个宇宙，眷顾于万物，无处不在，无时不有。逝者，是说它在宇宙中不断地流动，永不停息。远者，是说它的运行是无际无涯，无所不至的。反者，是说它的运行是有往有返，周而复始的。

故道大，天大，地大，人亦大。域中有四大，而人居其一焉。

【词析】

天：整个宇宙太空，包括太阳、月亮、星辰。

地：地球，海洋与陆地。

人：人类。

域中：寰宇之中。

【译文】

宇宙之内有四大，这就是道大，天大，地大和人大。而这四大之中，人也位居其一。

人法地，地法天，天法道，道法自然。

【词析】

法：取法、效法。

自然：自然法则。

【译文】

在这四者关系中，人以地的法则为法则，地以天的法则为法则，天以道的法则为法则，道则以自然的法则为法则。

本章继前面的第一章、第四章、第十四章和第二十一章之后，进一步揭示宇宙本体论的内涵。老子再次强调，道是物质的，先于天地万物而存在，是化生宇宙万物的母亲。它无处不在、无时不有，并永远处于运动变化之中。

　　老子说宇宙中有"四大"：道大，天大，地大和人大，这"四大"中，人居其一，但没有神和王，这是对人本主义的肯定，对人格尊严的肯定，也是老子在《道德经》中所确立的爱民、为民的民本思想的精神源头或认知源头。

　　老子还通过论说人、地、天、道的效法关系，点明了道是"四大"中，也是宇宙中的最高法则，并提出了天人合一，即人道要符合天道的思想和命题。

第二十六章

重为轻根，静为躁君。
是以君子终日行，不离辎重。
虽有荣观，燕处超然。奈何万乘之主，而以身轻天下？
轻则失根，躁则失君。

重为轻根，静为躁君。

【词析】

重：沉重、厚重。

轻：轻浮。

根：基础、根基。

静：清静。

躁：躁动、浮躁、轻浮。

君：主宰者、制服者。

【译文】

厚重的下部是轻浮的上部之根基，清静则是躁动的主宰者。

是以君子终日行，不离辎重。

【词析】

是以：因此。

君子：修道有成者。

离：抛开、丢失。

辎重：辎读 zī，指食物、行李等。

【译文】

因此，善为道者就是在劳累的长途旅行中，也不会轻易抛弃令人感到累赘的食物和行李。

虽有荣观，燕处超然。奈何万乘之主，而以身轻天下？

【词析】

荣观：华丽的宫殿。

燕处超然：像燕子那样安逸舒适、自由自在。

奈何：为什么、为何。

万乘之主：一国之主。

轻天下：轻举妄动于天下。

【译文】

有这样的君主，虽然有着华丽的宫殿，过着安乐舒适的生活，却以身犯道，轻举妄动于天下。他们或者加重对民众的盘剥，或者施行严苛的刑法，或者发动战争。

轻则失根，躁则失君。

【词析】

轻：轻浮举动。

失：损伤、丧失。

根：根基。

躁：浮躁。

失君：失去主宰、丢掉国家政权。

【译文】

君主这样的轻浮举动，严重损伤了其赖以生存的根基，即百姓的根本利益。在他们的反抗之下，难免会丢权丧命。

本章论说的是修身治国的道理。老子以轻重、静躁作比喻，阐述得道与失道对修身治国的利害关系。

"是以君子终日行，不离辎重。"老子用这样的道理，教育启发那些统治者，任何时候都要守护住自己赖以生存的根基——广大老百姓。"轻则失根，躁则失君。"老子还以这样的历史教训警告统治者，不要以身犯道，轻举妄动于天下。统治者如能牢记这两条，做到以百姓之心为心，为他们谋利益，这样就一定能得到他们的拥护，以使社会和谐、国基牢固、国运兴隆。

然而，历史上总会有一些反其道而行之的统治者。他们高高在上，鄙视百姓，盘剥百姓，压迫百姓，甚至让他们死于自己发动的战争中。在广大民众的反抗之下，他们也就难于摆脱丢权丧命的命运。

历史的教训，老子的教导实在值得统治者深刻吸取和好好牢记。

第二十七章

　　善行者无辙迹，善言者无瑕谪，善数者无筹策，善闭者无关楗而不可启，善结者无绳约而不可解。
　　是以圣人常善救人，而无弃人；常善救物，而无弃物。是谓袭明。
　　故善人者，善人之师；不善人者，善人之资。
　　不贵其师，不爱其资，虽智大迷，是谓要妙。

　　善行者无辙迹，善言者无瑕谪，善数者无筹策，善闭者无关楗而不可启，善结者无绳约而不可解。

【词析】

　　善：善于、擅长。
　　行：行动。
　　辙迹：车轮压出来的痕迹，这里指人为的痕迹。
　　言：说话、言辞。
　　瑕谪：瑕疵、漏洞。
　　数：计算。
　　筹策：计算工具。
　　闭：关闭。
　　关楗：门栓。
　　结：捆绑。
　　绳约：绳索、打结。

【译文】

善于行动的人，其行动无迹可寻；善于言辞的人，其言辞无懈可击；善于计算的人，其计算不用计算工具的帮助；善于关闭的人，其关闭就是不用门栓别人也难以把门打开；善于捆绑的人，其绳索不用打结也牢不可解。

是以圣人常善救人，而无弃人；常善救物，而无弃物。是谓袭明。

【词析】

圣人：修道有成的人。

常：经常。

善：善于。

救人：救助人、挽救人。

无弃人：不唾弃任何人。

救物：救护万物。

无弃物：不糟蹋任何物。

袭明：获得光明，因袭光华。

【译文】

圣人既有博大的爱心，又有以上的"五善"之能。在他们看来，既无不可救药之人，也无没用之物。他们以救人护物为自己的行为准则。他们不会唾弃任何人，也不会糟蹋任何物。大道就如万古之明灯，圣人的以上所为，体现的正是大道的光华和智慧。

故善人者，善人之师；不善人者，善人之资。

【词析】

善人者：修道有成的人。

师：老师。

不善人者：品德不好的人、不修道建德的人。

资：借鉴，作为镜子，反面教员。

【译文】

修道有成的人足以作为后学者的老师；拒绝奉道修德的不善者，则可作学道人的反面教员。

不贵其师，不爱其资，虽智大迷，是谓要妙。

【词析】

贵：尊崇、推崇。

爱：在乎、珍惜。

智：聪明。

迷：糊涂。

是：指"贵其师"，"爱其资"。

要妙：诀窍。

【译文】

如果不善于以善为道者为师，又不懂得从不善为道者身上吸取教训，虽然自以为聪明，实际上却是个大糊涂。所以说，"贵其师"、"爱其资"是学道人悟道的诀窍。

一个是善于学习、一个是慈爱博爱，这是老子在本章所讨论的思想。

老子十分强调学道者要善于学习。他主张世人不但要尊修道有成者为老师，诚心地向他们学习；就是那些不善者，我们也应从他们的身上吸取教训，得到裨益。有的人之所以具有善行、善言、善数、善闭和善结的"五善"之能，同样是通过善于学习得来的。所以老子指出"贵其师"、"爱其资"，是学道的秘诀。

老子要求圣人以救人护物为己任。在他看来世上无不可救药之人，也无没用之物，因此不能唾弃任何人，也不能糟蹋任何物。他不仅把爱施之于人，而且施之于物。这就是老子的博爱思想、环保思想。

第二十八章

知其雄，守其雌。为天下溪，为天下溪。常德不离，复归于婴儿。

知其白，守其黑。为天下式，为天下式。常德不忒，复归于无极。

知其荣，守其辱。为天下谷，为天下谷。常德乃足，复归于朴。

朴散则为器，圣人用之，则为官长。故大制无割。

知其雄，守其雌。为天下溪，为天下溪。常德不离，复归于婴儿。

【词析】

知：羡慕。

雄：雄强。

守：安守、甘为。

雌：雌弱。

溪：溪径、溪流。

溪（后）：动词，流动、追随。

常德：完备的德、真善永恒之德。

离：失去。

婴儿：婴儿般的质朴境界。

道德经详解

【译文】

世俗之人都羡慕雄强，圣人却能甘为雌弱。这样的圣人有如众水所择的蹊径，使天下人欣然追随。他们如果能使自己的真善之德不丢失，就能复归于婴儿般的质朴境界。

知其白，守其黑。为天下式，为天下式。常德不忒，复归于无极。

【词析】

知：喜欢。

白：明亮。

守：安于。

黑：暗昧。

天下式：天下人的楷模。

式（后）：动词，仿效。

忒：变动不定。

无极：原始质朴的道。

【译文】

世俗之人都喜欢明亮，圣人却能安于暗昧。这样的圣人宛如天下人的楷模，受到天下人的仿效。他们如能使自己的真善之德保持不变，就能复归于如天同高的大道境界。

知其荣，守其辱。为天下谷，为天下谷。常德乃足，复归于朴。

【词析】

知：追求。

荣：荣耀。

守：承受。

辱：屈辱。

谷：大海。

谷（后）：动词，汇聚。

足：增多、增深、增厚。

朴：淳朴。

【译文】

世俗之人都追求荣耀，圣人却能承受屈辱。这样的圣人如同江流所归的大海，为天下人所归心。他们如能使自己的真善之德日益深厚，就能使自己回复到道的淳朴境界。

朴散则为器，圣人用之，则为官长。故大制无割。

【词析】

朴：原始状态的道、无名状态的道。

散：化合、演变、演生。

器：万物。

用：抱持、遵循、奉行。

官长：领袖人物。

大制：道的别名或代称。

割：割裂、伤害。

【译文】

道从无名状态演变为有名状态时，便化生出宇宙万物。圣人如能抱持这威力无穷的道，就能成为有益于社会的人，成为领袖人物。总之，奉行大道绝对是有益无害的。

本章所昭示的是圣人的高深德行，他们虽德昭日月，却能以谦虚自处。

守雌、守黑、守辱是说要谦虚、要低姿态做人。保持这一姿态，作为被领导者就会虚心学习，踏实工作，不断进步。作为领导者，就能虚心听取各方面的意见，使决策更正确；就能全心全意地依靠人民大众。所以，守雌、守黑、守辱，不仅是弱者的修身之道、生存之道，也是强者实现其伟大抱负的法宝，更是治国者治国理政必须遵循的准则。

老子还指出，道化生了宇宙万物，也哺育出无数品德高尚堪担大任的领袖人物。他希望世人，特别是治国者要坚持不懈地奉行大道，因为那绝对是有益无害的事。

第二十九章

将欲取天下而为之，吾见其不得已。

天下，神器也。不可为也，不可执也；为者败之，执者失之。

故物或行或随，或嘘或吹，或强或羸，或培或堕。

是以圣人去甚、去奢、去泰。

将欲取天下而为之，吾见其不得已。

【词析】

取天下：得到天下。

为之：胆大妄为。

不得已：不会得逞的、不能得到、达不到目的。

【译文】

没有德行的人为得到天下而胆大妄为，我认为他们是不会得逞的。

天下，神器也。不可为也，不可执也；为者败之，执者失之。

【词析】

天下：国家。

神器：至神至圣的大器物。

不可为也：不可以为得到它而随意妄为。

不可执也：不可以想主宰它而不择手段。

败之：失败。

失之：失去。

【译文】

天下、国家，是至神至圣的大器物，不是谁想得到就能得到的，也不是谁想主宰就能主宰得了的。为得到它而痴心妄为，不择手段，必定会招致失败；就是侥幸得到了它，如随之倒行逆施，放纵贪欲，祸国殃民，最后也会把它失掉。

故物或行或随，或嘘或吹，或强或羸，或培或堕。

【词析】

物：宇宙万物。

行：先发的，先生长起来的。

随：后生的，随后生长起来的。

嘘：轻吹的暖风。

吹：猛刮的寒流。

羸：瘦弱的、残弱的、老弱的。

培：成长中的。

堕：衰败中的。

【译文】

宇宙中的万物，无论是先发的，还是后生的；无论是轻吹的暖风，还是骤起的寒流；无论是强壮的，还是瘦弱的；无论是在成长中的，还是在衰败中的，都在遵循一定的规律而运行，不是可任意改变的。

是以圣人去甚、去奢、去泰。

【词析】

去：去除、戒除、避免。

甚：极端的、极度的。

奢：奢侈的、侈华的。

泰：过度的、过分的。

【译文】

因此，圣人应该戒除那些极端的、奢侈的、过分的思想和行为。

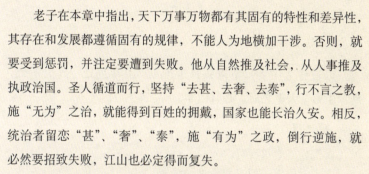

老子在本章中指出，天下万事万物都有其固有的特性和差异性，其存在和发展都遵循固有的规律，不能人为地横加干涉。否则，就要受到惩罚，并注定要遭到失败。他从自然推及社会，从人事推及执政治国。圣人循道而行，坚持"去甚、去奢、去泰"，行不言之教，施"无为"之治，就能得到百姓的拥戴，国家也能长治久安。相反，统治者留恋"甚"、"奢"、"泰"，施"有为"之政，倒行逆施，就必然要招致失败，江山也必定得而复失。

"天下，神器也。不可为也，不可执也。"老子在本章中还为世人提出了正确地进行人生选择的命题。做国君的，不仅要具备崇高的道德情操，而且还要具备处理政事的高度智慧。因此，不是每个人都有条件选择做国君的，否则就会造成害国、害民、害己的后果。每个人都不可回避要面对许许多多的人生选择：面对为官，选择奉献还是索取；面对学习，选择勤奋还是懒惰，面对工作，选择兢兢业业还是得过且过；面对人际关系，选择和谐相处还是争斗等。人生选择的准则，应是扬长避短、趋利避害。因此，世人应努力戒除那些极端的、奢侈的、过分的思想和行为。

第三十章

以道作人主者，不以兵强于天下。其事好还：师之所处，荆棘生焉；大军之后，必有凶年。

善者，有果而已，勿以取强焉。果而勿骄，果而勿矜，果而勿伐。果而勿得已，果而勿强。

物壮则老，是谓不道。不道早已。

以道作人主者，不以兵强于天下。其事好还：师之所处，荆棘生焉；大军之后，必有凶年。

【词析】

以道作：奉道而行。

人主：国君、国家的最高统治者。

不以兵强于天下：不迷信武力、不热衷称霸。

其事：战争之事、用兵之事。

好还：回报、报应。

师之所处：军队所到之处、发生战斗的地方、战场。

荆棘生焉：田地长满了灌木和野草。

大军之后：战事结束之后。

凶年：瘟疫和饥荒蔓延的岁月。

【译文】

奉道而行的治国者，是不会迷信武力、热衷发动战争来对内施威、对外争霸的。人类会从战争中得到报应和惩罚：因为大军所至，必然会造成荆棘满田园、尸骨遍荒野的悲惨景象；战争结束之后，还必然会引发连绵不断的瘟疫和灾荒之年。

善者，有果而已，勿以取强焉。果而勿骄，果而勿矜，果而勿伐。果而勿得已，果而勿强。

【词析】

有果：取得战果、达到目的。

而已：停下。

取强：以强势压人、扩大事态。

果而勿骄：打了胜仗不要骄傲。

矜：自持己能。

伐：自我炫耀。

勿得已：不得已的事。

【译文】

品德高尚的用兵之人，只要一旦取得战争的胜利，达到用兵目的，就会迅速把战事停下，而不会把事态扩大。他们能做到，打了胜仗，不自以为傲，不自恃己能，不自我炫耀。他们还知道，为反侵略而用兵那是不得已的事，取得战争胜利之后是不应该反过来去侵略他国、实施武力称霸的。

物壮则老，是谓不道。不道早已。

【词析】

壮：壮旺。

老：衰败、衰老。

不道：不符合道的精神，违反道的法则。

早已：很快消失、死亡。

【译文】

万物万事处于最强旺的状态时，就会开始走向衰败。如果我们取得战争的胜利后不及时收手，而是反过来去侵略他国，实施称霸，这是违反道的精神和法则的。违道而行，失败也就是不可避免的事了。

老子在本章中深刻地揭示了战争的本质。从本质上说，战争都是凶事，因为它与任何生物的生命原则都大相径庭。它给人类带来生灵涂炭，以及社会道德和自然环境的破坏；它还会引发战后的更大灾难，如瘟疫的发生、灾年的降临等。战争对人类绝无一丝一毫的好处。老子对战争本质的深刻揭示，对人类是一种贡献。

老子还指出，为反侵略而用兵，那是不得已的事。在取得战争胜利之后，应迅速把战事停下，而不应反过来去侵略他国，实施称霸。否则，迟早都会招来败亡。

"不以兵强于天下"，是老子的反战名言，值得世人铭记。

第三十一章

夫兵者，不祥之器。物或恶之，故有道者不处。

君子居则贵左，用兵则贵右。

兵者，不祥之器，非君子之器。不得已而用之，恬淡为上，勿美也。若美之，是乐杀人也。夫乐杀人者，不可以得志于天下矣。

吉事尚左，凶事尚右。偏将军居左，上将军居右。

杀人之众，以悲哀泣之；战胜，以丧礼处之。

夫兵者，不祥之器。物或恶之，故有道者不处。

【词析】

兵者：战争。

不祥之器：不吉祥的事。

物：万物，包括人类。

恶之：厌恶之。

不处：不使用它。

【译文】

战争是残物伤生的不祥之事，天下众生无不厌恶它。因此，有道的治国者是不会轻易使用它的。

君子居则贵左，用兵则贵右。

【词析】

君子：有道的治国者。

居：衣食起居。

贵：崇尚、视为、在乎。

左、右：古时以左为阳、为吉、为轻，以右为阴、为凶、为重。

兵：战争之事。

【译文】

有道的治国者对自己的起居衣食之事看得很轻，对战争之事则看得很重，因此，处置起来格外审慎。

兵者，不祥之器，非君子之器。不得已而用之，恬淡为上，勿美也。若美之，是乐杀人也。夫乐杀人者，不可以得志于天下矣。

【词析】

非君子之器：不是有道的治国者安邦定国的法宝。

恬淡：冷漠。

为上：为好、为宜。

美：美好的事。

乐杀人：杀人为乐。

志：称霸的野心，称霸的图谋。

【译文】

战争是残物伤生的不祥之事，而不是有道的治国者安邦定国的法宝。战争只有在不得已的情况之下方可使用，因此，须时时对它保持一种冷漠的态度，绝不能因一时之气而滥用，更不能把它看成是一件美事。如果把战争看作是美事，这样的人便是以杀人为乐的屠夫了。崇尚武力、迷信杀戮的政府和个人，最终是要失败的；其称霸他国的图谋是一定不能得逞的。

吉事尚左，凶事尚右。偏将军居左，上将军居右。

【词析】

吉事尚左：把左方比喻为吉。

凶事尚右：把右方比喻为凶。

偏将军：平庸、无道的将军。

居：看作。

左：吉事、喜庆事。

上将军：高明、有道的将军。

右：凶事、凶残之事。

【译文】

无道的将军把战争看作是喜庆之事，心中有道的将军则把战争看作是凶残之事。

杀人之众，以悲哀泣之；战胜，以丧礼处之。

【词析】

杀人之众：死于战争中的众多将士。

以悲哀泣之：悲伤和哭泣。

处：处理。

【译文】

所以，面对惨死在战争中的士兵，有人性、有同情心的参与者应为之悲伤和哭泣；就是取得胜利的一方，也应对他们表示哀悼。

本章在前一章的基础上更深入地讨论了战争这一课题。

老子是坚决反对战争的。所谓反战，指的是反对侵略战争和称霸战争，而不是反对反侵略、反称霸的战争。

老子认为，战争是残物伤生的不祥之事，而绝非是有道的治国者安邦定国的法宝。

他以人道主义的精神和原则，把崇尚武力、崇尚战争的人斥之为以杀人为乐的屠夫。他主张，对于阵亡者，无论是战胜方还是战败方都应予以哀悼。

老子还对侵略者、称霸者的最后命运做出了预言："夫乐杀人者，不可得志于天下。"他认为崇尚武力、迷信杀戮的政府和个人最终是要失败的，其称霸他国的图谋是一定不能得逞的。

老子希望人类能唾弃战争、抵制战争，最终告别战争，实现永久和平。

第三十二章

道常无名，朴。
虽小，天下莫能臣。
侯王若能守之，万物将自宾。
天地相合，以降甘露。民莫之令而自均。
始制有名，名亦既有，夫亦将知止；知止可以不殆。
譬道之在天下，犹川谷之于江海。

道常无名，朴。

【词析】

常：恒常、经常，这里指在很长的时期里。
无名：没有属于自己的名字。
朴：质朴。

【译文】

道在很长的时期里是没有属于自己的名字的，且处于一种质朴的状态之中。

虽小，天下莫能臣。

【词析】

小：细微。
天下：普天之下。

莫能臣：没有什么力量、没有任何人可以令它臣服。

【译文】

道虽然那样幽深细微，可普天之下，没有什么力量能操控它，使它臣服于脚下。

侯王若能守之，万物将自宾。

【词析】

守：守持，遵从。

物：指宇宙万物，包括人类。

自宾：像宾客似的对主人恭敬有加。

【译文】

有道的君主诸侯，如能以一颗虔诚之心循道而行，万物、万民将会如宾客似的对他恭敬有加。

天地相合，以降甘露。民莫之令而自均。

【词析】

天地：天为阳，地为阴。

相合：阴阳二气和合激荡。

甘露：雨水、露水。

民莫之令：不对百姓发号施令、不对百姓施以权力影响。

自均：均平富足，和谐相处。

前句"天地相合……"，省略了主语"天地守道"。

后句"民莫之令而自均"，省略了主语"君主奉道"。

【译文】

天地守道，阴阳之气相合，则不求而甘露自降。君主奉道而行，就是不对百姓施以权力影响，他们也自能和谐地、均平富足地生活。

始制有名，名亦既有，夫亦将知止；知止可以不殆。

【词析】

始制有名：是指道已从宇宙创生前的空虚状态演变为能化生万物的阶段，这时的道已从"无名"的状态而变成"有名"的阶段了。

名亦既有：是指这时的道已经可以被世人所了解和认知。

夫亦将知止：当世人知道怎样做才符合道的要求，否则就违背道的精神之后，就应依道所允许的范围内行动。

知止可以不殆：不超越道所允许的范围内行动，自然就不会有什么凶险了。

【译文】

道从原始的静态经过躁动而化生了万物，也就从"无名"的状态而变成"有名"的阶段了。人们对道有所认识之后就应在道所允许的范围内行动，绝不可越过雷池一步。如果把握住大道之度，既无不达也无太过，自然就不会有什么凶险了。

譬道之在天下，犹川谷之于江海。

【词析】

譬：譬如、就像。

在：与。

道之在天下：大道与天下万物的关系。

犹：如同。

"譬"字放在句首，是副词前置。"譬道之在天下，犹川谷之与江海。"应为："道之在天下，譬犹川谷之与江海。"

【译文】

川谷之水归之江海，不是江海对它们进行召唤，而是主动来归的。大道与天下万物的关系犹如川谷与江海的关系一样，万物就是没有主动求助于大道，大道都会主动施恩泽于它们。

老子在本章中论说的是道的威力，道的无穷作用以及遵道的重要性。

老子指出，道虽然那样的细微，人们甚至无法感觉到它，但普天之下，没有任何人、任何力量能使之臣服于脚下。侯王如能遵道奉道，以道治国，就是不对民众施以权力的影响，民众也会平等友爱地相处，均平富足地生活。相反，背道而行就一定会受到惩罚。他于是告诫世人，必须在道所允许的范围内行事，绝不能越雷池一步，绝不能去做那背弃大道精神和法则的事情。

老子还指出，川谷之水是自觉、主动汇入江海的，而道是自觉、主动施作用、施恩泽于万物的。那么，作为人民公仆的当今的官员们是否应该自觉、主动、诚心诚意地为他们的主人服务和谋幸福呢？这是老子留给世人的思考。

第三十三章

知人者，智也；自知者，明也；胜人者，有力也；自胜者，强也；知足者，富也；强行者，有志也。

不失其所者，久。

死而不亡者，寿。

知人者，智也；自知者，明也；胜人者，有力也；自胜者，强也；知足者，富也；强行者，有志也。

【词析】

知人者：能识别了解他人的人。

智：智慧。

自知者：能客观了解自己的人。

明：聪明。

胜人者：指不甘落后于他人的人。

有力：有力量。

自胜者：能自觉克服自身弱点的人。

强：坚强。

知足者：能知道满足的人。

富：富有。

强行者：矢志不渝地奋斗的人。

有志：意志坚定。

【译文】

能够准确辨识他人之善与非善、能与非能的人，是有智慧的人；能够正确认识自己的优点和缺点的人，是聪明的人；能够努力提升自己的能力和道德境界，以不甘落后于他人的人，是有力量的人；能够自觉克服自身弱点的人，是坚强的人；能够知道满足的人，是最富有的人；能够为真理、为众人的利益而矢志不渝地奋斗的人，是意志坚毅的人。

不失其所者，久。

【词析】

不失：不缺失。
其所：做人的根本，指信守道。
久：长久，不败。

【译文】

依天地之道行事、以高尚的道德标准修身的人，是永久立于不败之地的人。

死而不亡者，寿。

【词析】

死：死了、牺牲。
不亡：不死，不朽，身死但精神不死。
寿：长生、长存、长寿。

【译文】

为了正义事业牺牲了生命的人虽死犹生，因为他们的精神是不朽的。

老子在本章中论说的是圣人修身立德的标准。

他提出了"知人"与"自知"、"胜人"与"自胜",以及"知足"、"强行"、"不失其所"、"死而不亡"等理念。这些理念蕴涵着深刻的人生哲理和伟大的道德精神。我们从中可以学习到高明的生存方式和高尚而积极的人生态度。

　　"不失其所"是本章的主题词。所谓"不失其所",就是要坚守住做人处世的根本——奉道建德。这一根本坚守不失,就能做到"知人"、"自知"、"胜人"、"自胜"、"知足"与"强行",就能成为一个道德高尚的人,立于不败之地的人。这样的人虽死犹生。

第三十四章

大道泛兮，其可左右。

万物恃之以生而不辞，功成事遂而不名有。

常无欲也，万物归焉而不知为主，可名于小；衣养万物而不为主，可名于大。

是以圣人之能成其大也，以其终不为大，故能成其大。

大道泛兮，其可左右。

【词析】

泛：泛滥、水向四面漫溢。

其可左右：影响力、作用力强大无比。

【译文】

天地之道涵盖的范围是那样的广阔，对宇宙万物的作用和影响是那样的强大无比。

万物恃之以生而不辞，功成事遂而不名有。

【词析】

恃：依恃。

之：道。

以生：得以化生。

不辞：不推辞、不推卸。

不名：不声张、不声称。

有：持有、拥有，己之所有、己之所为。

【译文】

万物因道才得以化生，为化育万物它做到了不辞辛劳。它虽使万物得以化生，得以育成，却不声称是自己之所为。

常无欲也，万物归焉而不知为主，可名于小；衣养万物而不为主，可名于大。

【词析】

欲：占有欲。

归：归附。

主：主宰。

名：是、感到、觉得。

小：微小、微不足道。

衣养：养育、庇护、呵护。

大：伟大。

【译文】

由于道没有占有欲，宇宙万物虽皆由它所出，却不知道它就是生养自己的母亲，从而使人觉得它是那样的微不足道；而它生养了万物却不去拥有它、主宰它，又使人觉得它是那样的伟大。

是以圣人之能成其大也，以其终不为大，故能成其大。

【词析】

大：伟大、伟人。

成其大：成就伟大，成为伟人。

终：始终。

不为大：不求成为伟人，不求以伟大留名于世。

【译文】

圣人之所以成为圣人，是因为他们自守于小、自守于低，为济世救民终其一生。他们虽不求以伟大而留名于世，却偏偏成了万民敬仰的伟人。

这是一曲道的颂歌，既歌颂道的无私奉献的品德，也歌颂了得道圣人的高尚德行。

道化育成就了万物，但不居功，不称劳，不去占有，更不去主宰，而是自甘于渺小，自甘于无名；更是只为奉献，不求索取。

得道圣人秉持的就是这样的伟大精神。他们自守于小，自守于朴，默默奉献，不求名动于世，却偏偏成了万民敬仰的伟人。

"伟大出于平凡"，这是本章文字给世人的重要启示。道和得道圣人所以伟大，正是由于他们自甘于卑微、自甘于平凡，并不惜为人类而奉献自己的一切。所以说，平凡、平淡往往能够成就伟大。

"淡泊名利"是本章文字给世人的另一个重要启示。道和得道圣人之所以伟大，是由于他们的无私无欲，能够以超然的心态面对各种诱惑，在金钱、名誉和地位面前能淡然面对、泰然处之。"淡泊名利"是世人应遵循的道德准则，是我们每个人需要牢记的处世信条。

第三十五章

执大象，天下往，往而不害，安平泰。

乐与饵，过客止。道之出口，淡乎其无味。视之不足见，听之不足闻，用之不可既。

执大象，天下往，往而不害，安平泰。

【词析】

执：执掌、秉持。

大象：大道，是道的别称或别名。

天下往：行走于天下，指以道莅天下。

不害：畅顺、无阻碍。

安：安宁，相安无事。

平：平等、平等相待、和平、和睦。

泰：康泰、祥和、兴旺。

安平泰：国泰民安。

【译文】

以道莅天下，必定诸事顺利，国泰民安。

乐与饵，过客止。道之出口，淡乎其无味。视之不足见，听之不足闻，用之不可既。

【词析】

乐：音乐、声色。

饵：美食，泛指可口的食物。

出口：言说，用言语表述。

淡乎其无味：味道清淡、人的味觉尝不出任何滋味。

视之不足见：视觉上看之不见。

听之不足闻：听觉上听之不到。

既：尽。

不可既：无穷无尽。

【译文】

音乐有妙韵，它会使行人止步，欣赏其韵；食物有美味，它会使行人止步，品味其香。说起这天地之道，你无法嗅出它的味道，无法看见它的形状，也无法听到它的声音，然而它对宇宙万物的影响和作用却是无边无际、无穷无尽的。

老子通过本章的文字，再一次讨论道的功用。

他说，道是无味、无形、无声的，是嗅之不到、摸之不着、听之不见的。它与音乐的妙韵、美食的滋味尽管无法相比，但其对宇宙万物的作用和影响却是无边无际、无穷无尽的。

老子于是指出，"执大象，天下往"。作为百姓，以道修身建德，必能立于不败之地，以它来处事济世，必能诸事顺畅。作为治国者，以道治国，则必能打造出一个国泰民安的国度。

第三十六章

　　将欲翕之，必固张之；将欲弱之，必固强之；将欲废之，必固兴之；将欲取之，必固予之。是谓微明。

　　柔弱胜刚强。鱼不可脱于渊，国之利器，不可以示人？

　　将欲翕之，必固张之；将欲弱之，必固强之；将欲废之，必固兴之；将欲取之，必固予之。是谓微明。

【词析】

欲：想要，想让。

翕：读 xī，闭合、收合。

固：通"姑"，姑且、暂且。

张：张开、扩张。

弱：削弱。

弱之：使之削弱。

强：强大、强盛。

废：废弃。

兴：兴盛、发展。

取：取得、获取。

予：给予。

微明：深奥而显明。

【译文】

先有张开，然后才会有收合；先有强大，然后才会有削弱；

先有兴举，然后才会有废弃；先有给予，然后才会有获取。这个道理好像十分深奥，实际上却是很浅显明白的。

柔弱胜刚强。<u>鱼不可脱于渊，国之利器，不可以示人</u>？

【词析】

柔：指的是道。

柔弱：道显得那样虚无弱小。

刚强：强大有力。

渊：指的是水。

利器：致胜的武器，取胜的法宝，这里指的是道。

国之利器：治国安邦的法宝。

示人：让世人知晓。

【译文】

道显得那样的虚无柔弱，但它的力量却强大到足以支配世间的一切。天下万物与道，好比鱼与水的关系一样，鱼尚且不可须臾离开水，人类又岂可须臾违背天地之道呢？能否以道治国，这是国家兴衰的根本所在，这个道理，我们为什么不能清楚地告诉国人呢？

老子在本章中从辩证的角度论说道是治国安邦之根本这个道理。

他以"翕张"、"弱强"、"废兴"、"取予"四对矛盾为例，阐述了任何事物都不是一成不变的，而是始终处于不断变化、互相转化之中。柔弱的一方也可以胜过刚强的一方，这是自然界，也是社会领域的普遍规律。

老子接着指出，道虽然无声、无形、无象，显得那样微小、那样柔弱，却具有足以支配世间一切的强大力量。真可谓有道则兴则利，无道则伤则败。他认为，人类与道的关系，犹如鱼与水的关系一样。道关乎国家的兴衰，是治国的根本，是国家兴盛的法宝。他主张，应把这个道理清楚地告诉国人。

第三十七章

道常无为，而无不为。

侯王若能守之，万物将自化。化而欲作，吾将镇之无名之朴。

无名之朴，夫亦将无欲。不欲以静，天下将自正。

道常无为，而无不为。

【词析】

无为：不刻意去做什么。

无不为：（它）的作用无所不在。

【译文】

天地之道从来就没有刻意要做些什么，而其作用却无所不在。万民万物有赖于它才得以化生，也有赖于它才得以存在和发展。

侯王若能守之，万物将自化。化而欲作，吾将镇之无名之朴。

【词析】

守：信守。

之：道。

守之：信守道。

万物：宇宙万物包括人类。

自化：正常化育、自然发展。

化而欲作：万民万物自化之后，侯王放松了自身的要求以致私欲复萌。

镇：抑制、镇服。

无名之朴：指质朴的道。

镇之无名之朴：用道的真朴品格强制侯王回归正途。

【译文】

侯王如能信守它，遵循它，万民万物将能正常化育、自然发展。如果侯王不能善始善终，以致私欲复萌，胡作非为，我们就应引导他，甚至强制他向着道的真朴本性回归。

无名之朴，夫亦将无欲。不欲以静，天下将自正。

【词析】

无名之朴：回归到道的真朴本性。

将无欲：消减了私欲与妄念。

不欲以静：没有了私欲妄念，就可以施行清净无为了。

自正：自行走上平安富足之路。

【译文】

信守道的品格与精神，侯王就能去除私欲与妄念。侯王只有在没有私欲与妄念，或者少私寡欲的道德境界之下，才有资格、才有可能更好地践行清静无为。清静无为的施行，也就必能使天下走上安平富足之路。

"道常无为，而无不为"是本章的核心思想，也是整部《道德经》的核心命题。

道从来就没有刻意去做什么，而它的作用和影响却无所不在、无时不有、无所不及。它化生和养育着宇宙万物，它决定着万事万物以至社会历史的演变趋势和发展规律，它缔造了最优秀的道德精神，它也规范着人们的思想行为准则。

因此，肩负着爱民治国责任的治国者，应该信守它，奉行它，把自己修炼成无私无欲的圣人，并坚定地奉行清静无为的治国施政方略。只有这样，才能打造出一个和谐祥和的社会，使天下走上平安富足之路。

"化而欲作，吾镇之无名之朴。"老子认为，应该由人民大众对治国者实施察言观行，一旦发现他们私心膨胀，损民害政，就应引导以至强制他们改邪归正，回复到道的无为境界。老子在这里倡导的是一种民主监督的思想。

第三十八章

上德不德，是以有德；下德不失德，是以无德。

上德无为，而无以为；下德为之，而有以为。上仁为之，而无以为；上义为之，而有以为。上礼为之，而莫之应，则攘臂而扔之。

故失道而后德，失德而后仁，失仁而后义，失义而后礼。

夫礼者，忠信之薄，而乱之首。

前识者，道之华，而愚之始。

是以大丈夫处其厚，不居其薄；处其实，不居其华。故去彼取此。

上德不德，是以有德；下德不失德，是以无德。

【词析】

上德：上德的人、有很高德行的人。

不德：不以有德自恃、不认为自己有很高的德行。

下德：德行不高的人。

不失德：以有德者自居。

是以无德：这是无德的表现。

【译文】

上德的人，虽有很高的德行，却不以有德自恃，这才是真正的有德。下德的人，尽管德行并不高，却以有德者自居，这是无德的表现。

上德无为，而无以为；下德为之，而有以为。上仁为之，而无以为；上义为之，而有以为。上礼为之，而莫之应，则攘臂而扔之。

【词析】

上德：品德高尚的治国者。

无为：清静无为。

无以为：不为私利。

下德：无德的治国者。

为之：强作妄为。

有以为：是为满足个人的欲望。

上仁：仁爱之士。

为之：施仁爱。

无以为：不求受施者报之以恩。

上义：侠义者。

为之：做侠义之事。

有以为：为了获得侠义者的美名。

上礼：崇尚礼法的人。

为之：把礼法当做社会法典要求人们遵行。

莫之应：得不到人们的响应和遵从。

攘臂而扔之：强迫人们服从。

【译文】

品德高尚的治国者施行无为政治，不为私利，而只为施益于社会和人民。无德的统治者在施政上强作妄为，只为满足个人的欲望。仁爱之士博施仁爱，但不求受施者报之以恩。侠义者做侠义之事，是为了获得侠义者的美名。崇尚礼的人，认为礼是人们应遵循的社会法典，因此不惜运用各种强力手段去强制人们服从。

故失道而后德，失德而后仁，失仁而后义，失义而后礼。

【词析】

失道：偏离道。

后德：然后提倡德。

失德而后仁，失仁而后义，失义而后礼：是说仁、义、礼都是"道"、"德"沦丧之后的人为产物，而且每况愈下。

【译文】

由于社会偏离了道，才有提倡德的必要。当人类的自然天性进一步丧失时，仁、义、礼就会相继出现、登台上场了。

夫礼者，忠信之薄，而乱之首。

【词析】

礼：礼法、礼教。

忠信之薄：已失去了仁义忠信的精神实质。

乱之首：祸乱的魁首、祸乱的种子。

【译文】

由于这时的礼，已失去了仁义忠信的精神实质，礼的施行也就潜藏着祸乱的种子了。

前识者，道之华，而愚之始。

【词析】

前识者：自以为有先见之明的人。

道之华：道的精髓、道的精华。

愚之始：愚昧者的始祖。

【译文】

那些自以为有先见之明的人极力倡导义和礼，甚至认为自己这样做是掌握了道的精髓。其实，他们真算得上是愚昧者的始祖。

是以大丈夫处其厚，不居其薄；处其实，不居其华。故去彼取此。

【词析】

大丈夫：以辅国济世为己任的有志之士。

其厚：根基深厚的道与德。

其薄：底子浅薄的义与礼。

实：素朴。华：奢华。

【译文】

所以，以慈心济世为己任的大丈夫坚定奉行的是根基深厚的道与德，而不是底子浅薄的义与礼；乐于守持淳厚素朴而不是追逐浅薄奢华。总之，得道之人是一定会奉行、守持前者而鄙弃后者的。

有人说本章是《道德经》下篇，即德篇的领头章。我认为《道德经》中没有道篇和德篇之分，也没有上篇和下篇之分，而是一部浑然一体之作。本章也不是纯粹在说德，而是在论道说德。

本章的"德"，指的是道之德，是经修道而使德行日高之德。德由道生，并受道所支配。所以道与德是密不可分的。

"上德不德"说的是真正有德行的人不会以有德自恃，以有德自居。而他们的这种不争精神，正是来自道的谦让不争品格。

失道必失德，这是老子在本章所阐发的另一个重要观点。偏离了道的德只能是下德，这下德以及偏离了道的仁、义、礼也自然失去了无私和忠信的精神实质，这时的社会就必定潜藏着祸乱的种子了。

所以，老子主张以慈心济世为己任的有志之士，应该信奉和坚守根基深厚的道与德，而不是底子浅薄的仁、义、礼，只有这样才能成为一个真正的有德之人。

第三十九章

昔之得一者：天得一以清，地得一以宁，神得一以灵，万物得一以生，侯王得一以为天下正。

其致之，天无以清，将恐裂；地无以宁，将恐废；神无以灵，将恐歇；万物无以生，将恐灭；侯王无以正，将恐蹶。

故贵以贱为本，高必以下为基。是以侯王自谓孤寡不谷。此非以贱为本耶？非乎？

故至誉无誉。是故不欲琭琭如玉，而珞珞如石。

昔之得一者：天得一以清，地得一以宁，神得一以灵，万物得一以生，侯王得一以为天下正。

【词析】

昔：从前。

得一：得道。

清：清明。

宁：安宁。

灵：灵验。

万物：万民万物。

生：生存、繁衍。

天下正：天下太平。

【译文】

因为守道，天因此得以清明，地因此得以安宁，神因此得以灵验，众生因此得以生存和繁衍，侯王因此得以使天下太平。

其致之，天无以清，将恐裂；地无以宁，将恐废；神无以灵，将恐歇；万物无以生，将恐灭；侯王无以正，将恐蹶。

【词析】

其致之：反推而论之，指失道的后果。

裂：崩裂。

歇：休息、下岗、无事可做。

灭：枯竭、灭绝、消亡。

正：清静无为。

蹶：读 jué，挫折、失败、被颠覆。

【译文】

推而论之，如果失道，天因之失去清明，恐怕会发生崩裂；地因之失去安宁，恐怕会发生塌陷；神因之失去灵验，恐怕从此无事可做；万民万物因之失去繁衍的能力，恐怕会从此走向消亡；侯王因之背弃清静无为，恐怕会使其权位受到颠覆。

故贵以贱为本，高必以下为基。是以侯王自谓孤寡不谷。此非以贱为本耶？非乎？

【词析】

贵：尊贵的人。

贱：卑微的大众，老百姓。

本：生存的根本。

基：根基。

孤寡：如孤如寡。

不谷：无力自养。

非乎：难道不是这样的吗？

【译文】

卑微的大众，是侯王这些尊贵者的生存之本，也是他们安身立命的根基。侯王之所以把自己视为无力自养的如孤如寡的凡人，正是因为他们懂得卑微的大众才是他们的衣食父母，这样说难道会错吗？

故至誉无誉。是故不欲琭琭如玉，而珞珞如石。

【词析】

至誉：至高无上的名誉和地位。

无誉：失去名誉和地位。

不欲：不视作、不追求。

珞珞：粗糙的。

【译文】

一个人如果要追逐至高无上的名誉和地位，往往只会适得其反。因此，有道的侯王不会把自己看作是美玉般的华贵者，而只会自视为质朴坚实的石头那样平凡。

道无比重要，道的地位是独一无二的。这是本章的中心思想。

"得一"就是"得道"。古语中之"得其一，万事毕"的意思是，只要遵道而行，一切都会顺顺利利，否则就会引发可怕的后果。

老子又明确指出，民众才是国家的主体、主人，是为政者的衣食父母。他于是旗帜鲜明地要求侯王奉道而行，做到以民为本，以民为重，而把自己看得很轻、很平凡。

　　"神得一以灵"，这不表明老子相信神的存在。他是以就算有神存在，它也要受到道的管束这样的论说，证明道的威力之强大无比。

第四十章

天下万物生于有，生于无。
反者，道之动。弱者，道之用。

天下万物生于有，生于无。

【词析】

有：是指处于宇宙创生之际且已含有一派生机的混沌状态时的道。

无：是指处于宇宙创生前的虚空状态时的道。

【译文】

处于虚空状态时的道演变成混沌状态时的道之后，便创生了宇宙和宇宙万物。

反者，道之动。弱者，道之用。

【词析】

反：向相反方向转化、循环往复地运动。

动：运动。

弱：柔弱。

用：妙用。

【译文】

宇宙万物向它的相反方面转化，这是道的运动本性和法则。任何事物都不可能逃避消亡的最终结局，但人类可以把它调整到柔弱、初生、向上的状态之上，以延续其衰败的进程。因此说，守持柔弱，是对道的这一客观法则的妙用。

　　老子在本章中重提他的宇宙本体论。他重申，是道创生了宇宙和宇宙万物。他又指出，这宇宙万物都向它的相反方面转化，其运动变化的原因在于事物的内部，在于事物内部的正反对立的转化关系。任何事物都不可逃避消亡的最终结局，但我们可以把事物调整到柔弱、初生、向上的状态之上，这样不但可以延续事物的衰老进程，还可以使它保持在继续强旺发展的状态之中。所以说，守持柔弱，也是对道的客观法则的一种妙用。

第四十一章

上士闻道，勤而行之。中士闻道，若存若亡。下士闻道，大笑之；不笑，不足以为道。

故建言有之曰：

明道若昧，进道若退，夷道若纇。

上德若谷，广德若不足，建德若偷，大白若辱，质真若渝。

大方无隅，大器免成，大音希声，大象无形。

道隐无名。夫唯道，善贷且成。

上士闻道，勤而行之。中士闻道，若存若亡。下士闻道，大笑之；不笑，不足以为道。

【词析】

上士：忘名利的人。

闻道：听说道，对于道。

勤而行之：努力学习、忠实奉行。

中士：求名利的人。

若存若亡：半信半疑、半行半废。

下士：好名利的人。

大笑之：对道纵情嘲笑。

不足以为道：不足以显示道的崇高与伟大。

【译文】

忘名利的人对于道，不仅努力去学习和探索，而且忠实地加以奉行。求名利的人对于道，采取半信半疑的态度，虽有时奉行，却往往半途而废。好名利的人对于道，不学习也不奉行，甚至把它视为谬误而予以抨击和嘲笑；不过，若他们不予嘲笑，倒不足以显示道的崇高与伟大了。

故建言有之曰。

【词析】

建言：指建言者，曾留下重要言论的古时圣人。

有之曰：有这样的说法。

【译文】

所以古之圣人曾有这样的说法：

明道若昧，进道若退，夷道若纇。

【词析】

明道：了解道、明白道的人。

昧：愚昧、愚笨。

进道：修道有成的人。

退：谦让不争。

夷：平坦、开阔。

纇：崎岖。

【译文】

悟道越深的人，越会仿似愚笨；修道越有所成的人，越会谦让不争；对道越能驾驭的人，在为人处事上越会格外谨慎。

上德若谷，广德若不足，建德若偷，大白若辱，质真若渝。

【词析】

上德：德行崇高的人。

谷：虚怀若谷。

广德：广施功德的人。

不足：做得还不够。

建德：修善建德。

偷：暗中进行，这里指不张扬。

大白：真正清白之人。

质真：质朴纯真。

渝：变质、沾污、污垢、缺点。

【译文】

越是品德崇高的人，越虚怀若谷；越是广施功德的人，越感到自己做得还不够多；越是努力修善建德的人，越不事张扬；越是清白的人，越能承受屈辱；越是质朴纯真的人，越能为众人蒙受污垢。

大方无隅，大器免成，大音希声，大象无形。

【词析】

大方：大道。

隅：角落。

无隅：没有哪个角落不能达至，是说大道无处不在。

大器：大器具，指道就像一个大到无边无际的器具。

免成：指这个像是大器具的道，不是神也不是人之所造，而是自然天成的。

希声：稀有的声音、最洪亮的声音。

无形：其形大到无任何具体的形物能对它进行量度。

【译文】

大道弥漫于整个宇宙，无处不在；大道就像一个大到无边无际的大器具，但它不是神也不是人之所造，而是自然天成的；大道的声音是最洪亮的，但只有得道者才能"听得着"；大道的形象是最宏大的，但只有得道者才能"看得到"。

道隐无名。夫唯道，善贷且成。

【词析】

隐：不出现。

无名：不声不响。

贷：施予、给予。

【译文】

道施惠于万民万物之时，是不声不响、不留痕迹的。正是大道的这种默默施予，才使宇宙万物得以正常化生和成长。

老子在本章中论说的是信道与修道，修道与建德的关系，并热烈地赞颂了修道有成者的高贵品质和崇高境界。奉道而行的人，必能修炼出高尚的德行；积德能够进道，道随着德的积蓄而变得丰盈。也就是说，道与德是相辅相成的，一个人的道行越高，德行也越高。德由道生，一个不以道修身的人，德自然离他而去。本章中说那些有德之士的崇高德行正是他们热心修道的结果。

我国春秋时期流传这样的话："上士忘名利，中士求名利，下士好名利。""上士闻道，勤而行之。""上士"为什么能努力地奉道践道呢？因为他们有一颗无私之心，与道的无私精神能发生共鸣。所以当一个人通过学道减损了私心妄念之后，就更能笃信道、笃行道了。

第四十二章

道生一，一生二，二生三，三生万物。
万物负阴而抱阳，冲气以为和。

道生一，一生二，二生三，三生万物。

【词析】

一：指的是太极。

二：指的是阴阳两仪。

三：指的是阴阳相融所生的和谐精气。

【译文】

道化生了处于阴阳未分状态的太极，太极化生了阴阳两仪，阴阳相合而成和谐的精气，在此种和谐统一的气化状态中，宇宙万物得以化生。

万物负阴而抱阳，冲气以为和。

【词析】

负阴：背负阴气。

抱阳：怀抱阳气。

冲气：指阴阳二气相互融合、激荡。

以为和：生成和气。

【译文】

由于阴阳两气相互激荡、融合而生成一种和气，使万物得以化生，这样，万物也就都蕴含有阴阳二气了。

　　本章所论说的是宇宙万物的生成过程。老子认为道是宇宙和宇宙万物的本原。由道演化为阴阳未分的太极，太极演化为阴阳两仪，阴阳二气通过融合、激荡而生出和气，于是使万物得以化生。这就是老子的宇宙和宇宙万物的生成论。可见，文中的"一"、"二"、"三"，不是一种数字变化的关系，而是宇宙万物生成中的演化程序或次序。

　　老子在本章中，不仅揭示了宇宙万物由来之奥妙，也宣示了和生万物、和兴万事的和谐思想。可视作当今构建和谐社会最古老的理论来源。

第四十三章

人之所恶，唯孤寡不谷，而侯王以此自称也。物或损之而益，或益之而损。

故人之所教，亦议而教人："强梁者不得其死！"吾将以为教父。

天下之至柔，驰骋天下之至坚。出于无有，入于无间，吾是以知无为之有益也。

不言之教，无为之益，天下希能及之矣。

人之所恶，唯孤寡不谷，而侯王以此自称也。物或损之而益，或益之而损。

【词析】

恶：厌恶。

孤：无父。

寡：无夫。

孤寡：如孤如寡。

不谷：不生产食粮、不拥有食粮，意为没有自养能力。

物：万民万物，这里指每一个人。

损（前）：减损、减少、付出。

益：获取。

损（后）：失去。

【译文】

最令世人厌恶的是无力自养的孤寡者,然而心中有道的侯王却以此来称呼自己。他们还懂得,愿作自我付出的,反而可能获得更多;总想多获取的,反而可能失去越多。

故人之所教,亦议而教人:"强梁者不得其死!"吾将以为教父。

【词析】

强梁者:恃强凌弱、逞凶作恶、横行霸道的人。

不得其死:得不到自己所希望得到的那种死亡方式,意为不得好死、不能正常而终。

父:准则。教父指教育人的准则。

【译文】

前人用这样的道理教导我,我也这样去教人:"不从道教化的恃强凌弱者必定不得好死"。我要把它奉为信条,并以此作为教育人的准则。

天下之至柔,驰骋天下之至坚。出于无有,入于无间,吾是以知无为之有益也。

【词析】

至柔:最微小柔弱的,这里指的是道。

驰骋:支配、控制、驾驭。

至坚:最坚硬的存在物,是道所化生的一切自然物。

无有:虚无状态。

入于无间:是无间不入的倒装句,意为没有什么地方是道不能到达的。

无为:指道的施为没有目的性。

益:施益。

【译文】

道显得那样的柔弱，但它的力量却强大到足以支配世间的一切。道那样虚无，却无处不在。道虽然没有它的目的性，却无时无刻不在施益于万民万物。

不言之教，无为之益，天下希能及之矣。

【词析】

不言之教：不用言语去教化。

无为之益：无私地施益。

天下：天下人。

希：少、不是很多。

及之矣：及得上它，比得上它。

【译文】

道不会用语言教化世人，却以实际行动对人类奉献一切。可惜的是，不是很多人都能了解道的这种行为，更不知以它为榜样了。

本章所论的依然是治国者的修身济民之道。

老子指出，只知施益于万民万物，只知对人类奉献一切，这是道的爱心与美德。

老子首先要求，治国者应以道的这种爱心与美德来明确自己的定位，这就是把自己看作是百姓所供养的孤寡者，把百姓看作是自己的衣食父母。因此，他们应诚心诚意地做百姓的仆人，而不去做百姓的主人。然后，遵从道的无为施益精神，竭尽自己之所能对百姓奉献一切。

　　老子还要求治国者从道的伟大爱心出发，去做好恃强凌弱者的转化工作。有的人所以会恃强凌弱，是因为他们背离了道的本性。所以心中有道的治国者，应重视以道的精神去感化百姓，使那些强梁者迷途知返，改邪归正。

　　老子在本章中鲜明地提出了治国者应有的公仆意识、民本思想。

第四十四章

名与身孰亲？货与身孰多？得与亡孰病？
甚爱必大费，多藏必厚亡。
知足不辱，知止不殆，可以长久。

名与身孰亲？货与身孰多？得与亡孰病？

【词析】

名：名气、名声。

身：身体、生命。

亲：亲近、爱惜。

孰亲：哪一方面更值得珍惜？

货：货物、钱财。

孰多：哪一方面更重要？

得：得到、获得。

亡：丧失生命、搭上性命。

病：病态，引申为可怜、愚蠢。

【译文】

对一个人来说，名气与生命相比，哪一方面更值得珍惜？钱财与生命相比，哪一方面更为重要呢？为了得到名气与钱财而搭上性命，不是很可怜、很愚蠢吗？

甚爱必大费，多藏必厚亡。

【词析】

甚：过分。

爱：喜爱、追求。

费：耗费、代价。

大费：大耗费、大代价。

藏：收藏、聚敛。

厚亡：下场越悲惨，祸害更重大。

【译文】

过分追求自己所喜爱的东西，必然要为此付出沉重的代价，聚敛得越多，下场可能会越悲惨。

知足不辱，知止不殆，可以长久。

【词析】

辱：羞辱、伤害。

殆：凶险、危难。

【译文】

因此，乐于知足，就不会自取其辱，自取其伤。凡事做到适可而止，就不容易招致凶险与危难，这才是长久的平安之道啊！

知足知止，是本章的主旨和核心理念。

老子告诫世人要知足知止，不要萌生贪念，不要过分追求名气、钱财，否则必定要为此付出惨重的代价。

"知足不辱、知止不殆"的理念，不仅对于加强人生修养、趋福避祸，而且对于构建和谐社会、确保国家长治久安，都有重要的借鉴和指导意义。古往今来，世人因不知足不知止、过分贪求名气、钱财而伤身害命者，可谓不计其数；统治者因不知足不知止，过分贪求权势、贪求钱财、贪求享乐，而引发社会动荡，以至战争，陷百姓和国家于万劫不复境地的，也可谓不计其数。

"知足不辱，知止不殆"，是老子留给世人的、饱含哲理的千古名言。它还是解决资本的无止境膨胀与自然资源、公共利益之间矛盾的良方，也是应对世界金融危机的精神武器。2010 年，俄罗斯总统梅德韦杰夫在俄罗斯圣彼得堡召开的国际经济论坛上向与会者建议，遵循中国古代伟大哲学家和思想家老子的教诲来应对世界金融危机。他引用了本章老子的原话后说，金融危机的根源是消费主义引发资本和人的欲望膨胀，如果能够做到知足、知止，那么就可以在一定程度上避免这种危机的发生。他于是指出："如果我们遵循中国哲学家的遗训，我认为，我们能够找到平衡点，并成功走出这场巨大的考验。"

第四十五章

大成若缺，其用不弊。大盈若冲，其用不穷。
大直若屈，大巧若拙，大赢若绌，大辩若讷。
躁胜寒，静胜热，清静为天下正。

大成若缺，其用不弊。大盈若冲，其用不穷。

【词析】

大成：有大成就的人。

缺：缺陷、缺点、不足。

用：功用、作用。

弊：失败，衰竭。

大盈：最充实、最丰盈，指德行深厚的人。

冲：空虚、不足、不盈满。

用：功用、作用。

穷：穷竭、穷尽。

【译文】

有大成就的人仍会存有缺点，如能有此认识并对它保持警惕，必能无往而不胜。德行再深厚的人仍会有不足之处，如能有此认识并能继续保持谦虚的情怀，必能受益无穷。

大直若屈；大巧若拙，大赢若绌，大辩若讷。

【词析】

直：刚直。

屈：委屈。

巧：指心思细密、精明。

拙：笨拙。

大赢：做生意有余利，这里指非常富有的人。

绌：读 chù，不够、不足，这里引申为节俭、俭朴。

大辩：雄辩。

讷：木讷，不善言辞。

【译文】

真正的刚直之士，更有承受委屈的能力；非常精明的人也会有笨拙的举措；非常富有的人也会表现出朴素、节俭的一面；雄辩的人，也会给人一种仿佛不善言辞的感觉。

躁胜寒，静胜热，清静为天下正。

【词析】

躁胜寒：阳动而躁，故能胜寒。

静胜热：阴止而静，故能胜热。

清静：清静无为。

天下正：治理天下的正道。

【译文】

阳之躁能胜阴之寒，阴之静能胜阳之热。治国济民如同治病的道理一样，清静无为乃是治理天下的正道。

老子在本章中运用"二分法"的哲学思维方式，论说做人和治国的道理。

老子首先指出，有大成就的人仍会存有缺点。德行很深厚的人仍会有他的不足之处。他是在告诫世人应该坚持以一分为二的哲学观点来看待自己，面对成就和进步，要看到缺点和不足，以防止骄横、骄奢并走向反面。

接着，老子指出凡事都有它的两面性，因此，我们应以二分法的思维方式看人察事。非常富有的人，有的也会有守持朴素、节俭的一面。非常能雄辩的人，有的也会给人一种仿佛不善言辞的感觉——他们或许注重的是鲜明的观点、有力的论据，而可能在话语的表达上不那么尽善尽美。一个刚直之士，也要练就一种忍辱负重的能力，因为人的一生难免会有委屈、冤枉从天而降，而非个个都能诸事顺遂。这样，面对世事，就能待之客观与宽容；面对冤屈，就能待之理性与从容。

老子最后指出，阳之躁能胜阴之寒，阴之静能胜阳之热。以中医的角度看，治病讲求的是阴阳的平衡与和谐，治国与治病的道理一样，要使社会和谐发展，就必须坚定地奉行清静无为之道。

第四十六章

天下有道，却走马以粪。
天下无道，戎马生于郊。
罪莫大于多欲，祸莫大于不知足，咎莫大于欲得。
故知足之足，常足矣。

天下有道，却走马以粪。

【词析】

天下有道：指治国者奉行大道，实施无为政治、社会安定、人民乐业的政治局面。

却：撤出、退出、退役。

走马：疾驰奔跑的马，指战马。

以粪：拉粪肥田，泛指农耕。

【译文】

治国者如能少私寡欲，实施清静无为政治，必会令社会安定，人民乐业，战马也得以退役为农民拉粪耕田。

天下无道，戎马生于郊。

【词析】

天下无道：指治国者背弃大道，胡作非为，民生凋敝、社会混乱的政治局面。

戎马：战马。

生于郊：生马驹于郊野。

【译文】

治国者如果骄奢淫逸，贪得无厌，不顾百姓死活，百姓在走投无路的情况下，必然会揭竿而起。战争一旦爆发，就连那怀胎的母马也要征调战场，以致把马驹生在郊野的战场之上。

罪莫大于多欲，祸莫大于不知足，咎莫大于欲得。

【词析】

罪莫大于：最大的罪莫过于。

多欲：贪欲。

不知足：不知道满足。

咎：过失、灾祸、祸患。

欲得：把贪欲付之行动。

【译文】

贪欲，是罪恶之源；不知自足，是祸患的发端。一旦把贪欲变成行动，灾祸就会随之而降。

故知足之足，常足矣。

【词析】

知足之足：知足才能满足。

常足：永久地知足。

【译文】

知足才能满足，而且要永久地知足，这才是世人尤其是治国者免除祸患的根本办法。

力戒贪欲，这是老子对世人，尤其是治国者的告诫和期盼。

老子指出，治国者如能奉行大道，世上就不会有战争，战马也得以退役为农民耕田。治国者如背弃大道，必然战火四起，就是那怀胎的母马也要征调战场，以致把马驹生在郊野的战场之上。

那么，造成这两种不同局面的根本原因是什么呢？老子认为：前者少私寡欲，后者贪得无厌。所以，他发出了贪欲是罪恶之源，不知自足是祸患的发端的警世箴言。

为免除个人和社会的祸害，老子提醒世人，尤其是治国者要学会知足、懂得知足、永久地知足。

第四十七章

不出户，可知天下；不窥牖，可见天道。
其出弥远，其知弥少。
是以圣人不行而知，不见而明，不为而成。

不出户，可知天下；不窥牖，可见天道。

【词析】

不出户：不走出家门。

知：了解。

天下：天下之事。

不窥牖：不望窗外。

可见天道：能了解自然、社会运行的情况。

【译文】

圣人虽足不出户，但能知天下事。他们虽眼不望窗外，却能了解自然、社会的运行情况。

其出弥远，其知弥少。

【词析】

出弥远：指走了很多地方，经历很多事情。

弥少：反而越少。

【译文】

世俗之人实践的是非理性的"直觉主义"的认识观，虽注重亲见亲行，却不能分清事物的现象与本质，进而掌握其发展规律和趋势。所以他们走的路越远，看到和听到的事越多，所获得的真知反而越少。

是以圣人不行而知，不见而明，不为而成。

【词析】

不行：不亲自经历。

不见：不亲自观察。

不为：不刻意、不经意，即无为之意。

成：做到、达到、成就。

【译文】

圣人实践的是理性的认识观，注重分清事物的现象与本质，进而掌握其变化发展规律。所以他们能够做到不行而见，不见而知，虽不刻意去求得对事物的真知灼见，却在不经意之中做到了。

本章是老子的认识论。其要旨是阐述对世界的认识方法。

圣人与世俗之人有着完全不同的认识观。世俗之人实践的是非理性的"直觉主义"的认识观。他们强调亲见亲行，以自己的所见所闻为事实、为真理。由于他们无法从繁杂纷乱的事物和信息中分辨现象与本质，不能掌握其发展规律和趋势，因此走的路越多，看到和听到的事越多，所获得的真知反而越少；走的路越远，离真理也越远。圣人的认识观，则是注重分清事物的现象和本质，认识其本质进而掌握其变化发展规律。这样不但能获得对事物、对社会的真知灼见，甚至可以做到足不出户而能知天下事。

第四十八章

为学日益，为道日损。损之又损，以至于无为。无为而无不为。

取于天下，常以无事。及其有事，不足以取天下。

为学日益，为道日损。损之又损，以至于无为。无为而无不为。

【词析】

为学：从事一般性的学习。

日：一日比一日。

益：增益知识与技能。

为道：学道修道。

损：减少、除却。

无为（前）：无私欲、无妄念的无为境界。

无为（后）：清静无为。

无不为：没有什么是做不好的，成就了许多事业。

【译文】

从事一般性的学习，是为了不断地增长知识和技能，而从事学道和修道，则要进行去除私心杂念的自我改造。这种纯洁和美化心灵的改造不是一次完成的，只有不断地扶正祛邪才能使自己达到无私欲、无妄念的无为境界。有了这样的境界，才有资格去践行清静无为政治，并使国家走上安平富足之路。

取于天下，常以无事。及其有事，不足以取天下。

【词析】

取：取得、获得。

天下：天下人。

取于天下：取得天下人的拥戴。

常：长久以来。

无事：不做损害人民的事。

及其有事：一旦他们做了不好的事、做了坏事。

不足以：难以。

【译文】

有的治国者，之所以得到天下人的信任和爱戴，是因为他们只做有利于百姓，而不做损害百姓利益的事情。如果治国者反其道而行之，则必然会失去天下人的敬重和信任，并受到他们的唾弃。

老子为学道者提出了"为道日损"的学道方针。他认为只有通过"日损"的修道过程，才能达至无私欲、无妄念的境界，才能实施清静无为的政治。治国者有了这种境界就能更好地为百姓服务，为他们谋利益谋幸福。老子还要求治国者要一辈子为百姓做好事，不做坏事，只有这样才能取得百姓的信赖和拥护，也只有这样才能真正肩负起治理好国家的责任。

第四十九章

圣人常无心，以百姓之心为心。
善者，吾善之；不善者，吾亦善之。德善也。
信者，吾信之；不信者，吾亦信之。德信也。
圣人之在天下也，歙歙焉为天下浑其心。
百姓皆注其耳目焉，圣人皆孩之。

圣人常无心，以百姓之心为心。

【词析】

圣人：心中有道的治国者。

常：经常、永久、永远。

无心：没有为己的心志，没有私欲妄念。

百姓之心：百姓的意志、百姓的利益。

为心：为出发点、为准绳、为标尺。

【译文】

有道的治国者不应以自己的意志、自己的欲望作为施政的出发点，而应以百姓的意志、百姓的利益作为施政的最高准则。

善者，吾善之；不善者，吾亦善之。德善也。

【词析】

善者：善良的人。

善之：善待他们。

不善者：不够善良的人。

德：同"得"，得以、能够。

德善也：得以回归于善。

【译文】

对于善良的人，圣人应该善待他们；对于那些不够善良的人，圣人也应善待他们。引导他们向善为善，使他们同归于善。

信者，吾信之；不信者，吾亦信之。德信也。

【词析】

信者：诚信的人。

信之：以诚信对待之。

不信者：不够诚信的人。

德：同"得"，得以、能够。

德信也：得以回归诚信。

【译文】

对于诚实且讲信用的人，圣人以诚信对待他们；对于不诚实、不守信用的人，圣人也以诚信对待他们。引导他们奉行诚信，成为一个诚信的人。

圣人之在天下也，歙歙焉为天下浑其心。

【词析】

之在天下：在治理天下的位置上。

歙歙：读 xī，收敛、保持。

浑：浑朴、清纯、洁净。

【译文】

治理天下的圣人，应努力收敛自己的欲望，做到为天下百姓而保持一颗清纯洁净的心。

百姓皆注其耳目焉，圣人皆孩之。

【词析】

注其耳目：关注、留意、观察其言与行。

孩：动词，呵护、照顾。前半句省略了前置宾语"治国者"，后半句省略了前置宾语"百姓"。

【译文】

对治国者，老百姓应注意听其言观其行，对他们实行监督；对于百姓，治国者则应像抚育婴儿那样小心地予以呵护。

老子在本章中提出了如下几个重要的政治思想：

一、"圣人以百姓之心为心"，这是以民为重的民本思想。它要求治国者应以老百姓的意志、老百姓的利益作为施政的最高准则，做到"权为民所用，情为民所系，利为民所谋"（胡锦涛语）。

二、"歙歙焉为天下浑其心"，这是守廉拒贪的思想。它要求治国者应收敛自己的欲望，为了天下百姓而保持一颗清纯洁净的心；为了政治清明而以一种天下皆浊我独清的精神和气概作一名坚强的反贪战士。

三、"百姓皆注其耳目焉"，这是民主监督的思想。它要求老百姓必须行使对治国者的监督权，只让他们做有利于百姓而不做有害于百姓的事。它更要求治国者无论职位高低都应自觉并诚心接受老百姓的监督，创造条件让他们享有知情权、参与权、发表权，对自己实行实实在在的监督。历史已经、并会继续证明，一个治国者如果抗拒监督，无论他原先多英明，有多大的功劳，最终都会落个身败名裂，自取灭亡的下场。

四、"圣人皆孩之"，这是公仆思想。它要求治国者把自己看作是无力自养如孤如寡的凡人，看作是质朴坚实的石头那样平凡，看作是百姓的公仆；对于百姓则应像抚育婴儿那样小心地予以呵护。治国者把自己看作是人民的公仆，还是人民的主人，这是完全不同的价值取向，完全不同的自我定位。按照老子的观点，凡取前一种定位的，必能裨益社会、裨益人民，也必能得到人民的拥护和爱戴。凡取后一种定位的就必定会站到人民的对立面，为害社会、为害人民，最终遭到人民的反对和唾弃。

五、"善者，吾善之；不善者，吾亦善之"，"信者，吾信之；不信者，吾亦信之"，这是兼爱思想。它要求治国者既要善待善良的人，也要善待不够善良的人，并引导他们同归于善。它还要求治国者既要对诚信的人待之以诚信，也要对不够诚信的人待之以诚信，引导他们成为一个诚信的人。要达到以上的要求，治国者则必须首先得做一个善良的人、诚信的人。

老子在本章中重新强调了民权至上的观点。他认为，人民才是国家的主人，治国者只是人民的公仆。"权为民所赋"（习近平语），因此治国者只有权力为民所用的义务而无剥夺百姓、欺压百姓的权利。

老子在本章所提出的思想行为准则，是治国者必须遵循的，也是他们安身立命的法宝。

第五十章

出生，入死。

生之徒，十有三；死之徒，十有三；而人之生生，动之于死地，亦十有三。

夫何故也？以其生生之厚也。

盖闻善摄生者，陵行不避兕虎，入军不被甲兵；兕无所投其角，虎无所措其爪，兵无所容其刃。

夫何故也？以其无死地焉。

出生，入死。

【词析】

出生：生命的开始。

入死：生命的终结。

【译文】

一个人从母体中生出来，他的生命便开始了；一个人在自然界中消失，他的生命也便终结了。

生之徒，十有三；死之徒，十有三；而人之生生，动之于死地，亦十有三。

【词析】

生之徒：长命的。

死之徒：短命的，半途夭折的。

人之生生：过度追求长命的。

动之于死地：人为加速死亡的。

【译文】

有的人，不求精美之食，不涉不法之行，这种以自然的养生之道对待生命的"生之徒"，在十个人之中约占三个。有的人，对诱人的名位孜孜以求，对丰厚之衣食汲汲以逐，这种以奉养过度的方针对待生命的"死之徒"，在十个人之中也约占三个。有的人，为求长生不老，背离正常的养生途径，热衷旁门左道，热衷炼丹服丹，这种由于过分珍惜生命反而加速其死亡的，在十个人之中亦约占三个。

夫何故也？以其生生之厚也。

【词析】

何故也：什么缘故呢？原因何在呢？

生生之厚：对生命过分珍惜、对身体过度奉养。

【译文】

渴望长生反而短命的原因何在？这是他们违背了自然法则，对生命过分珍惜、过度奉养所致。

盖闻善摄生者，陵行不避兕虎，入军不被甲兵；兕无所投其角，虎无所措其爪，兵无所容其刃。

【词析】

善摄生者：善于掌握自己生命的人。

陵行：在山岭之间行走。

兕：读 si，雌性犀牛。

虎：老虎。

入军：进入战阵，指冷兵器时代的战阵。

被：披带。

甲兵：坚甲和利器。

无所投其角：不会用角去攻击。

无所措其爪：不会用爪去伤害人。

容：同"用"，派上用场。

兵无所容其刃：指军士惊慌失措，忘记使用手上的兵器。

【译文】

但凡善于把握自己生命、能够将生命的信息调节到与犀牛、老虎等野兽同步的人，行走于山岭之间不用回避雌性犀牛和凶猛的老虎，进入军阵而不用披带坚甲和利器。因为犀牛不会用角攻击他，老虎不会用爪去伤害他，敌军士卒在惊惶失措之中也不会举起利刃杀死他。

夫何故也？以其无死地焉。

【词析】

无死地：不惧死亡的精神和本领。

【译文】

为什么会这样呢？这是由于他们有一种不惧死的精神和本领。正是这种精神和本领，把野兽和敌军震慑住了。

这一章老子所阐述的是他所主张的生命观、养生观。他以道的观点去解释人的养生和生命问题。

他首先指出，人从初生那一天开始便走向死亡，这是自然规律，任何人都无法抗拒。

如何养生，如何使之长寿？老子主张以一种顺乎自然的方法对待养生、对待生命，这就是不求精美之食，不涉不法之行。他反对以奉养过度的方式应对养生、应对生命，因为这只会自取短命。他更反对背离正常的养生途径，热衷旁门左道，热衷炼丹服丹，以求长生不老，因为这只会加速自身的死亡。

老子还热情歌颂了古时那种不惧刀枪、不惧犀牛和猛虎的勇猛之士。他们有壮健的体魄，有战胜侵害者的本领，还有一种不惧死亡的无畏精神，这种无畏精神来自正确的生死观。他们视自己的身体、生命不是自己所拥有，随时可以为百姓的利益、正义的事业而奉献。诚然，这种人与过度奉养、追求长生不老的养生之道是绝对无缘的。

第五十一章

道生之，德畜之；物形之，势成之。是以万物莫不尊道而贵德。

道之尊，德之贵，夫莫之命而常自然。

故道生之，德畜之。长之育之，亭之毒之，养之覆之。

生而不有，为而不恃，长而不宰，是谓玄德。

见小曰明，守柔曰强。

道生之，德畜之；物形之，势成之。是以万物莫不尊道而贵德。

【词析】

道生之：道化生并养育了宇宙万物。

德畜之：道之德使天下万物呈现丰富多彩的种属和个性。

物形之：万物有了各自的形态。

势成之：长成、发展的趋势便形成了。

尊道：尊崇道。

贵：重视、珍爱、推崇、崇敬。

德：道之德。

【译文】

道是宇宙万物得以化生的原动力，道之德是使天下万物呈现丰富多彩的种属和个性的施为者；当万物有了各自的形态之后，它的长成、衰亡的发展趋势便形成了。所以万物莫不尊崇道和崇敬德的。

道之尊，德之贵，夫莫之命而常自然。

【词析】

道之尊：道所以受尊崇。

德之贵：道之德所以受崇敬。

夫莫之命：道从不发号施令。

常：永远、经常。

自然：自然而然。

【译文】

道所以受万物尊崇，道之德所以被万物崇敬，是因为道和道之德从来不对它们发号施令，而是永远以一种自然而然的态度对待它们。

故道生之，德畜之。长之育之，亭之毒之，养之覆之。

【词析】

故：总之。

长之育之：发育长大。

亭：成形。

毒：成熟。

养：抚养。

覆：庇护。

【译文】

道与道之德化生了万物，使它们发育长大，使它们成形成熟，并给其整个生长过程以抚养和庇护。

生而不有，为而不恃，长而不宰，是谓玄德。

【词析】

不有：不拥有。

不恃：不据为己功。

长：成就了。

不宰：不自为其主宰。

玄德：高深而悠远的美德。

【译文】

道化生了万物而不据为己有，施作用于万物而不恃为己功，成就了万物而不自为其主宰，这正是道的深沉而悠远的美德。

见小曰明，守柔曰强。

【词析】

见：现、呈现、看作。

小：弱小卑微。

明：聪明。

守：守持，直面以对。

柔：柔弱。强：强者。

【译文】

所以说，能把自己看作是弱小卑微的人，是真正的聪明人；能以柔弱的姿态示于人前的人，则是真正的强者。

这是一曲对道的美德的颂歌。

老子首先论述道是宇宙万物的化生之源。他指出，是道和道之德化生了万物，使它们发育长大，使它们成形成熟，并给其整个生长过程以抚养和庇护。但道这样的施为不是刻意的，不是为自己的，而是自然而然的事。因此，它化生了万物而不据为己有，施作用于万物而不恃为己功，成就了万物而不自为其主宰。这是一种只为奉献而不求索取的精神，是一种与天同高、与天同大的美德。

对于道这种低姿态立身行事的精神和作风，人类应从中获取怎样的启示呢？老子说："见小曰明，守柔曰强。"这是说，能把自己看作是弱小卑微的人，是真正聪明的人。能以柔弱的姿态示于人前的人，则是真正的强者。

老子对道的美德予以歌颂，目的是要求治国者仿效道无私无欲的道德精神，并把它贯彻到修身和治国的实践中去。

第五十二章

天下有始，以为天下母。既得其母，以知其子；既知其子，复守其母，没身不殆。

塞其兑，闭其门，终身不勤。开其兑，济其事，终身不救。

用其光，复归其明，无遗身殃，是谓袭常。

天下有始，以为天下母。既得其母，以知其子；既知其子，复守其母，没身不殆。

【词析】

天下：宇宙、天地。

有：是。

始：始祖。

天下母：天地万物的母亲。"天下有始，以为天下母"，此句的开头隐藏着一个"道"字。这句话的意思是，道是天地的始祖，万物的母亲。

既得其母：既然得知道是宇宙万物的母亲。

以知：自然也就知道。

复守其母：回过头来守护着万物的母亲，引申为遵道而行。

没身：终身。

不殆：不会有灾祸。

【译文】

道是天地的始祖，万物的母亲。既然知道万物的母亲是道，自然也就知道天下万物是道的孩子了；既然知道天地万物都是道的孩子，只要回过头来守护住他们的母亲，坚定地循道而行，那就可保这些孩子们（万物）终身平安了。

塞其兑，闭其门，终身不勤。开其兑，济其事，终身不救。

【词析】

塞：堵塞，堵住。

兑：孔窍。

闭：关闭。

门：门户。

终身：终其一生。

勤：劳累、受苦受累，引申为烦恼、凶险。

开：打开、放开。

济：追求、实施、落实。

救：药救。

不救：无药可救，死期将至。

【译文】

塞住其身上嗜欲的孔窍，关闭住其身上嗜欲的门户，使私欲妄念不得进入。如此，其终身也就不会有什么烦恼凶险的事了。若是反其道而行之，开放其身上嗜欲的孔窍，任其为达求名争利的目的而不择手段、不遗余力，其死期很快就会到了。

用其光，复归其明，无遗身殃，是谓袭常。

【词析】

用其光：借助道的光芒。

复归其明：回归到光明之路。

遗：遗留、留下。

无遗：没有留下、不会留下、不再有。

身：自身。

殃：祸患。

袭常：遵循道的法则。

【译文】

如果借助道的光芒，回头去观察、审视已走过的人生之路，就算过去做错了事、走错了路，只要能回归到道所指引的康庄之路上，并坚定地走下去，就不会再有什么灾难和祸殃的了。这样做，遵循的正是道的法则、道的精神。

老子所论说的是世人守大道、去私欲与免灾祸、保平安的关系。

老子指出，道是万民万物的护身符、保护伞。尊道行道就能免祸灾、保平安。而学道修道的最首先、最根本的任务是去私欲、除妄念。如果能坚守住思想的防线，不给私欲妄念有可乘之机、有入侵之门，就能终生平安。如果在私欲妄念的进攻面前举手投降，任其侵害，灾祸就一定会降临到他的头上。

老子还认为，一个人过去做错了事、走错了路那是无法改变的事，但重要的是走好今后的路。因此，只要从此回归到道的怀抱之中，坚定地在大道指引的康庄路上走下去，祸咎也自然会离他而去了。

第五十三章

使我介然有知，行于大道，唯施是畏。

大道甚夷，而人好径。

朝甚除，田甚芜，仓甚虚，服文彩，带利剑，厌饮食，财货有余，是谓盗夸。

盗夸，非道哉！

使我介然有知，行于大道，唯施是畏。

【词析】

使：假使。

介然：稍微、粗略。

有知：有所了解。

施：通"迤"，不正、偏离。

畏：害怕担心。

【译文】

假使我对道已有所了解，就一定会坚定地在这条大道上走下去，而不会有丝毫偏离。

大道甚夷，而人好径。

【词析】

甚夷：平直而坦荡。

人：有的人，指无道的侯王、统治者。

径：崎岖凶险的小路。

人好径：无道的侯王热衷走邪道。

【译文】

大道十分平直而坦荡，小路则崎岖凶险。有的侯王却总是不走正道而热衷于走邪路。

朝甚除，田甚芜，仓甚虚，服文彩，带利剑，厌饮食，财货有余，是谓盗夸。

【词析】

朝：朝廷、朝廷的官殿。

除：非常干净，引申为富丽堂皇。

朝甚除：官殿修建得富丽堂皇。

田甚芜：田园荒芜。

仓甚虚：粮仓空虚。

服文彩：身穿华丽的衣服。

带利剑：佩戴利剑。

厌饮食：对食物十分挑拣、追求精美之食。

盗夸：强盗头子。

【译文】

他们为了自己的享乐，把官殿修建得富丽堂皇，由于民力财力耗费过大，以致天下田园荒芜，粮仓空虚，百姓更是难以度日。而侯王、公卿们仍过着豪奢的生活。他们身穿华美的衣服，以炫耀其富有与高贵；他们佩戴利剑，以示其尊贵与威严；他们拥有用之不尽的财物；说到吃的，要不是精美之食，他们根本不屑一顾。他们是名副其实的强盗头子。

盗夸，非道哉！

【词析】

盗夸：强盗行为。

非道哉：不符合道的精神和品格。

【译文】

他们这种剥夺人民的强盗行径，是完全违背大道精神的啊！

　　老子通过描述治国者偏离大道之后的种种罪恶行径及带给百姓的祸害，反证治国者守道奉道的重要。

　　他指出，道所指引的路是那样平直坦荡，没有道光拂照的路是那样崎岖凶险。有的治国者偏偏弃正道而取邪路。他们不顾一切地追逐奢华的生活，致令百姓日益饥寒交迫，走投无路。如此下去，只能是官逼民反了。

　　在封建社会里，统治者把起来反抗其统治的百姓称为盗，老子大反这一正统观念，把害民误国的侯王斥之为强盗头子。他这种为民请命的浩然之气和斗士精神，正来自于他所提倡的民本思想。

第五十四章

善建者不拔，善抱者不脱，子孙以祭祀不辍。

修之于身，其德乃真。修之于家，其德乃余。修之于乡，其德乃长。修之于邦，其德乃丰。修之于天下，其德乃普。

故以身观身，以家观家，以乡观乡，以邦观邦，以天下观天下。吾何以知天下之然哉？以此。

道 德 经 详 解

善建者不拔，善抱者不脱，子孙以祭祀不辍。

【词析】

善建者：善于建树的人，这里指的是诚心修身建德的人。

不拔：不受干扰、不动摇。

善抱者：能坚定地把持自己的人，这里指的是一心守道修道的人。

不脱：不脱落、不半途而废。

祭祀不辍：香火不断。

【译文】

诚心建德的人是不会受外力的干扰而中途动摇的，一心修道的人也不会因世俗观念的影响而半途而废的。"得道者昌，失道者亡"，修道建德之家必定喜庆相随，子孙延绵，以至香火不绝。

修之于身，其德乃真。修之于家，其德乃余。修之于乡，

其德乃长。修之于邦，其德乃丰。修之于天下，其德乃普。

【词析】

修：学道建德的修炼。

于身：从自己做起，从我做起。

真：纯真、真谛。

其德乃真：通过去私除妄的修道过程所建之德具有朴实纯真之本色。

修之于身，其德乃真：去私除妄，从我做起，这是修道建德的真谛。

余：盈余、充余、余可传承。

长：指淳朴的乡风民情得到培育和发扬。

丰：丰盛、丰富。

普：普遍、普及。

【译文】

去私欲除妄念，从我做起，这是修道建德的真谛。修道者把它扩展到全家，必能德化家人，使之形成道德传家的良好家风。再把它扩展到全乡，必能德化乡人，使之培育起淳朴的乡风民情。又把它扩展到全邦，必能德化邦人，使之形成良好的社会风尚。进而把它扩展到天下，必能德化天下之人，使之出现升平祥和的社会气象。

故以身观身，以家观家，以乡观乡，以邦观邦，以天下观天下。吾何以知天下之然哉？以此。

【词析】

身（前）：一个人。

身（后）：其他人。

家（前）：一个家。

家（后）：其他家。

乡（前）：一个乡。

乡（后）：其他乡。

邦（前）：一个邦。

邦（后）：其他邦。

天下（前）：一个国家。

天下（后）：众多的国家。

何以知：为何能知。

天下之然哉：天下风尚之情势。

以此：依靠的就是这一方法、原因就在这里。

【译文】

这样，我们就可以从一个人的德行看到其他人的德行，从一个家的家风看到其他家的家风，从一个乡的风情看到其他乡的风情，从一个邦的风尚看到其他邦的风尚，从一个国家的气象看到全天下的气象。我身居于一个地方又如何能知天下风尚的情势呢？原因就如我前面所说的。

老子在本章中提出了德化天下的理想和途径。

他首先强调，奉道修德不仅对治国者重要，对每个人、每个家同样重要，因为它是平安之道，兴旺之道。

老子的《道德经》是一门讲求实践的学问。学道成效的标志，不在能说多少道理，而在自己做得怎么样。为此，老子提出了德化天下的主要任务和途径。其主要任务是去私除妄。其途径是从我做起，从自己做起，然后"家人"、"乡"、"邦"以至天下，一层一层地扩展开来。如果世人都这样做，德化天下的目标才有望得以实现。

第五十五章

含德之厚，比于赤子。毒虫不螫，猛兽不据，攫鸟不搏。骨弱筋柔而握固，未知牝牡之合而朘作，终日号而不哑，精之至也，和之至也。

知和曰常，知常曰明。益生曰祥，心使气曰强。物壮则老，谓之不道，不道早已。

含德之厚，比于赤子。毒虫不螫，猛兽不据，攫鸟不搏。骨弱筋柔而握固，未知牝牡之合而朘作，终日号而不哑，精之至也，和之至也。

【词析】

含德之厚：品德深厚的得道之人。

赤：赤裸的。赤子：刚刚出生的婴儿。

螫：叮咬。

据：抓住，引申为伤害。

攫鸟：攫读 jué，凶恶的鸟。

搏：扑击。

握固：拳头握得紧紧的。

牝牡之合：雌雄交合之事。

朘作：男性生殖器勃起。

号：号哭。

哑：沙哑。

精之至，和之至：阴阳两种精气高度融合的初生体，具有强旺的生命力。

【译文】

品德淳厚的得道之人，就像无私无欲的初生婴儿。这些婴儿因为有母亲的庇护，所以，毒虫不能螫伤他，猛兽不能伤害他，凶鸟也不能扑击他。他们虽然柔弱，却能把拳头握得紧紧的；他们虽不懂得男女的交合之事，那小小的生殖器却常常有力地勃起；他们虽经常地号哭不停，其声音却不会沙哑。因为他们是阴阳两种精气高度融合的初生体，具有强旺的生命力。

知和曰常，知常曰明。益生曰祥，心使气曰强。物壮则老，谓之不道，不道早已。

【词析】

知：了解、认识。

和：中和、和谐。

曰：是。

常：常理、真谛。

明：明白、正确。

益生：为使身体强壮而过度奉养。

祥：妖祥、灾祸。

益生曰祥：为求强壮、长生而过度奉养，这是自找祸咎。

心使气：任性使气。

强：逞强。

心使气曰强：任性使气就会变成恃强凌弱之徒。

物壮：事物过于强旺。

则老：走向衰老、衰败。

谓之不道：指不遵循"和气"之道，是背离大道法则的。

不道早已：背离大道法则的物与事，只能是未老先衰、未成先败了。

【译文】

中和、和谐，是自然、社会，也是生命的真谛。只有真正认识到这"和"的精髓，才能以一种正确的顺乎自然的态度看待生命。为求强壮、长生而过度奉养，这是自找祸殃。任性使气者往往会变成恃强凌弱之徒。事物过于强旺，就会走向衰老和衰败。不遵循"和气"之道，自然是背离大道之为。背离大道法则的物与事，只能是未老先衰、未成先败了。

老子通过本章的文字阐发了他主张的"和"的精神和哲理。

"和"是道的内涵，道的精神。老子为什么把品德高尚的得道者比作赤子呢？赤子是阴阳两种精气高度融和的初生体，具有强旺的生命力。得道者之所以多是老而未衰之士、而且诸事顺遂，一个重要原因，是他们心中有"和"气，得到"和"的精神护佑。

老子把"和"看作是自然、社会乃至生命的真谛。一个人，一个家庭，一个国家乃至全世界都需要"和"。"和"能出顺遂、出平安、出和平、出幸福。失"和"则会出状况、出灾祸。老子所以说："心使气曰强"，"强梁者不得其死"，是因为这些心使气者、强梁者心中失"和"。背"和"、失"和"、弃"和"，就是违背、抛弃道的原则、道的精神、道的法则，就必定会招致"不道早已"的悲剧性结果。

老子在本章的开头把品德淳厚的得道之人比作初生的婴儿，而他们之所以不易受到外界的伤害是因为他们有母亲的庇护。老子是以此来阐述这样的道理：得道之人因为有道的护佑，所以能够免遭凶险。

第五十六章

知者不言，言者不知。

塞其兑，闭其门；挫其锐，解其纷；和其光，同其尘。是谓玄同。

故不可得而亲，亦不可得而疏；不可得而利，亦不可得而害；不可得而贵，亦不可得而贱。故为天下贵。

知者不言，言者不知。

【词析】

知者：真知者。

不言：重修行而不重言说。

言者：妄发议论的。

不知：一知半解。

【译文】

大道的真知真传者重修行而不重言说；喜欢对大道妄发议论的，则多是一知半解之人。

塞其兑，闭其门；挫其锐，解其纷；和其光，同其尘。是谓玄同。

【词析】

兑、门：指的是人身上的孔窍，如耳、目、鼻、口等。

塞兑、闭门：是指加强抵御外来诱惑的防线。

锐：争强好胜的心性。

解其纷：从纷争中解脱出来。

和其光：融和其光芒。

同其尘：混入尘俗。

玄同：道的境界，与天同高的境界。

【译文】

塞住他身上嗜欲的孔窍，关闭住他身上嗜欲的门户，使其心志不外驰，外在诱惑不能入；挫其争强好胜的心性，解脱其因欲望引发的俗世纷争，使之超凡脱俗、一心向善；让他混入尘俗并融和其光芒，使之涉俗流而不污，在世而超世，入世而济世。做到以上者，就能进入与天同高的大道境界。

故不可得而亲，亦不可得而疏；不可得而利，亦不可得而害；不可得而贵，亦不可得而贱。故为天下贵。

【词析】

故不可得而亲：句中的"得"字作"遇到"或"面对"解。"得"字后面隐藏有一个"亲"字，这个"亲"字作名词用，意指亲人、故旧。句末的"亲"字是动词，意为亲近、照顾。"故不可得而亲"即为"故不可得'亲'而亲"（以下几句类推为：亦不可得"疏"而疏；不可得"利"而利，亦不可得"害"而害；不可得"贵"而贵，亦不可得"贱"而贱）。

"疏"：非亲非故。

疏：疏远、冷漠。

"利"：利益，利禄。

利：求取。

"害"：凶险。

害：规避。

"贵"：尊贵的人。

贵：奉承献媚。

"贱"：卑贱的人。

贱：轻蔑、作贱。

天下贵：天下人推崇的至尊至贵者。

【译文】

面对亲人，他们不会给予特别的亲近与关照；面对非亲非故的人，他们不会待之疏远与冷漠。面对利禄，他们不会孜孜以求；面对凶险，他们不会避而远之。面对高贵的人，他们不会奉承与献媚；面对卑贱的人，他们不会予以轻蔑与作贱。有了如此境界的人，便是天下人所推崇的至尊至贵的人了。

在本章中，老子提出了一个叫"玄同"的概念。"玄同"是修道者的最高境界。"玄同"的境界就是与天同高的道德境界。

老子首先强调，为达此境界，修道者应重修行而轻言说。

如何修行呢？老子要求世人要坚决地、不懈地去私除妄，超凡脱俗，一心向善。老子还要求他们超越世俗的亲疏观、利害观和贵贱观，做到虽涉俗流而不染，在世而超世，入世而济世。

第五十七章

以正治国，以奇用兵，以无事取天下。吾何以知其然哉？以此。

天下多忌讳，而民弥贫；民多利器，而国滋昏；民多伎巧，而邪事滋起；法令滋彰，而盗贼多有。

故圣人云：我无为而民自化，我好静而民自正，我无事而民自富，我无欲而民自朴。

以正治国，以奇用兵，以无事取天下。吾何以知其然哉？以此。

【词析】

正：大道，清静无为。

无事：不扰民，不伤民。

取天下：取得天下人的信任。

其然：世情。

以此：依据的正是道化天下这个道理。

【译文】

以清静无为的方略治国，以出奇制胜的计策指挥军队守疆护土，以不扰民、不伤民的施政取得天下人的信任，天下一定太平，百姓一定富足。我何以知道世情是这样的呢？依据的正是道化天下这个道理。

天下多忌讳，而民弥贫；民多利器，而国滋昏；民多伎巧，而邪事滋起；法令滋彰，而盗贼多有。

【词析】

多忌讳：指政令过多过苛。

利器：智术权谋。

滋昏：混乱。

伎巧：奸邪伪诈之术。

邪事：邪恶之事。

滋起：频繁发生。

法令滋彰：严刑峻法的施行。

多有：越来越多。

【译文】

相反，统治者的政令过多过苛，就会妨碍人民的生产积极性，使他们越发贫穷；民众的权谋智术越多，国家就越混乱；民众的奸邪伪诈之术越高超，邪恶之事就会频繁发生；统治者为了个人的享受，使用一道道的法令对民众进行剥夺，人民无法生存就必然会沦为盗贼。

故圣人云：我无为而民自化，我好静而民自正，我无事而民自富，我无欲而民自朴。

【词析】

无为：清静无为。

好静：不施搅扰之政。

无事：不举严酷之法。

无欲：无贪欲，引申为不播重苛之税。

【译文】

所以有道的治国者都懂得，只要奉行清静无为政治，做到对民不施搅扰之政，不举严酷之法，不播重苛之税，而让百姓自我做主，自我发展，自我完善，这样百姓自能安平富足，民风自能淳厚素朴，社会自能和谐稳定。

老子在本章中所论的是治国之道。

老子认为，天下一治一乱，一正一反，全取决于统治者是有道还是无道。统治者如能以清静无为的方略治国，不扰民、不伤民，就一定能取得天下人的信任，天下就一定太平，百姓就一定富足。相反，统治者如为了个人的享受而强作妄为，剥夺百姓，作贱百姓，社会道德必然沦丧，盗贼必然蜂起，邪恶之事必然频繁发生，国家必然越发混乱，百姓也必然会陷于水深火热之中。

为此，一方面，老子要求统治者对权力、欲望进行自我约束，实行不施搅扰之政，不举严酷之法，不播重苛之税的无为、无事、无欲之治国原则。另一方面，老子主张通过实行清静无为的政治，让百姓享有自由民主的权利。

第五十八章

其政闷闷，其民醇醇。其政察察，其民缺缺。

祸兮，福之所倚；福兮，祸之所伏。孰知其极？其无正也。正复为奇，善复为妖。人之迷，其日固久。

是以圣人方而不割，廉而不刿，直而不肆，光而不耀。

其政闷闷，其民醇醇。其政察察，其民缺缺。

【词析】

闷闷：昏然暗昧，引申为厚道宽容。

醇醇：质朴敦厚。

察察：严酷、严苛。

缺缺：指道德品质方面的缺失，表现为狡诈刁恶、不仁不义。

【译文】

圣人治国，厚道宽容，不出苛政以治民，唯知修道以自省，如此一来，纯真、质朴、敦厚的民风自然会得到培育和发扬。暴君治国，苛政频出，横征暴敛，则必然会导致狡诈刁恶、不仁不义的恶劣民风的滋长和蔓延。

祸兮，福之所倚；福兮，祸之所伏。熟知其极？其无正也。正复为奇，善复为妖。人之迷，其日固久。

【词析】

祸：祸患的事件。

倚：倚伏。

福：幸福的事情。

伏：潜伏、潜藏。

极：界限。

正：准绳、准则。

无正：没有一成不变的。

正复为奇：正常的事会幻变为怪异的。

善复为妖：美善的会转化成丑恶的。

人之迷：人们迷惑不解。

其日固久：长久以来。

【译文】

祸患的事件中倚伏着幸福的种子，幸福的事件中潜伏着祸患的根苗。那么，祸与福是怎样转化的呢？它们之间存在着一个界限，一旦超过这个界限祸就会转化为福，福就会转化为祸。这叫做物极必反。因此，世间事是不会一成不变的，正常的会幻变为怪异的，美善的会转化为丑恶的。这是一个很普通的道理，长久以来，却有许多人对它感到迷惑不解。

是以圣人方而不割，廉而不刿，直而不肆，光而不耀。

【词析】

方：公平公正。

割：伤人害事。

廉：廉洁。

刿：读gui，侵害、贪求。

直：率真。

肆：放肆。

光：光芒。

不耀：不炫耀。

【译文】

为了防止为民之政演变为害民之政，有道的治国者应努力做到：秉持公平公正，而不去伤人害事；自守清廉，而不去侵害百姓的利益；保持率真，而不放肆妄为；心中虽充满光芒，而不炫耀于人。

老子以事物无不向其反面转化的辩证法则警告统治者，让他们明白，他们拥有天下不是千秋万代、永世不变的。如果他们全心全意为百姓谋利益，就会得到百姓的拥护；如果他们去伤害、剥夺百姓，他们的天下、权力就会在老百姓的反抗下失去。为了防止为民之政演变为害民之政，老子要求奉行大道的治国者做到秉持公正，而不去伤人害事；自守清廉，而不去侵害百姓的利益；保持率真，而不放肆妄为；心中虽充满光芒，而不炫耀于人。

老子在本章中还告诉世人，事物向其反面转化是事物所固有的规律，这种转化是通过量变到质变来实现的，当量变达到一种极限之时，此事物就会转变为他事物，善的、美的就会变成恶的、丑的，反之亦然。但在这物极必反的规律面前，我们不是束手无策、无所作为的，而是可以通过运用守柔、用"反"、戒盈、欲取姑予等方法驾驭它，争取事物朝好的方面转化。

第五十九章

治人事天，莫若啬。

夫唯啬，是谓早服。早服谓之重积德。重积德则无不克，无不克则莫知其极。莫知其极，可以有国。有国之母，可以长久。

是谓深根固柢，长生久视之道。

治人事天，莫若啬。

【词析】

治人：管理民事。

事天：保养天性，指修身养德。

啬：读 sè，与"穑"同，意指耕种、农夫。

【译文】

治国者修身建德，管理国事，就好像农夫耕种过日子的道理一样。

夫唯啬，是谓早服。早服谓之重积德。重积德则无不克，无不克则莫知其极，莫知其极，可以有国。有国之母，可以长久。

【词析】

夫唯啬：一个真正的农夫是怎样做的呢？

早服：早做准备，及早备耕——提前做好种子、肥料等的准备，及时播种，及时收获。

早服谓之重积德：对治国来说，是要尽早修道建德。

无不克：无往而不克，无往而不胜。

莫知：没有不能知晓的。

其极：道之无穷功力。

有国：保有国家，国家尚存。

有国之母：道是国家的母亲。

长久：长治久安。

【译文】

怎样才算得上是个好农夫呢？一个好农夫必定注重及早备耕、及时播种和耕耘，及时收获并做好收藏。对于一个有志于治理国家的人来说，那就应立志尽早潜心修道。只有尽早修道，才能使道行日益深厚。道行日益深厚了，就能无往而不克。从这无往而不克之中，你就能认识到道的功用之无穷。当你知道道的功用是那样广大无边、那样深不可测，于是就能明白道在国家在、道亡国家亡的道理。道是国家的母亲，有道守护着，天下就可长治久安了。

是谓深根固柢，长生久视之道。

【词析】

久视：长久、长存。

【译文】

所以说，信奉大道、以道治国，是使国家根深蒂固、长生长存的根本道理。

本章从治国者的道行与国家长治久安的关系来阐述治国的根本

道理，彰显的是道的无比珍贵与重要。

老子把治国者比喻为农夫，农夫为了有个好收成首先要做好备耕，如做好种子、肥料及平整土地的准备。他于是要求，有意做一个优秀治国者的人，必须及早向道，及早学道，进行道的修炼，为治国做好德行、知识、本领等方面的准备。而最重要的是通过学道修道，认识道的无穷之功用，认识道在国家在、道亡国家亡的道理，从而在治国中自觉循道而行。

第六十章

治大国，若烹小鲜。

以道莅天下，其鬼不神。非其鬼不神，其神不伤人。非其神不伤人，圣人亦不伤人。

夫两不相伤，故德交归焉。

治大国，若烹小鲜。

【词析】

治大国：治理国家。

若：好比。

烹：煎煮。

小鲜：小鱼。

【译文】

煎煮小鱼时，如果火候过了会把它煎糊，如果翻动过多会令它烂在锅里。治理国家的道理如同烹小鱼一样，既不能给老百姓过多的干扰，更不能给他们以伤害，所以必须小心谨慎。

以道莅天下，其鬼不神。非其鬼不神，其神不伤人。非其神不伤人，圣人亦不伤人。

【词析】

以道莅天下：以道治国。

不神：失去功力。

非：不是、不会、不仅。

【译文】

那么，治国有什么好法宝吗？这个法宝就是道。实行以道治国，以道莅天下，施无为之政，必能使天下太平，物阜民丰，世风日上。在这样的情形下，祸患也就无从降临人间。假使世间有鬼神存在，它们也会失去害人的功力，就是想为害世人，也无法施展其技。至于有道的统治者，在以道治国之中，只会给百姓带来好处、带来福祉，而不会带来伤害。

夫两不相伤，故德交归焉。

【词析】

两不相伤：双方都不加害对方。

德：恩德。

交：相交、重叠。

归：归于。

德交归焉：意指道之德、圣人之德同时发挥影响力。

【译文】

鬼神对世人，治国者对百姓之所以不相加害，这是道之德、圣人之德共同发挥作用的结果。

如何治理国家？这是一个千古话题，是永远做不完的作业，写不完的文章。这一章老子阐述的还是这个话题。

老子把治理国家比喻为烹小鲜，是说不能给百姓以干扰，不能给他们以伤害。这里彰显的是鲜明的以民为本的思想。以民为本是治国的重要思想，也是道的重要内涵，但它不是道的内涵的全部。老子于是提出了"以道莅天下"，即以道治国的命题。并指出，以道临天下，施无为之政，必能使天下太平，物阜民丰，世风日上，在这样的情况下，假使有鬼神存在，它们想为害人间，也无法施展其技。治国者在以道治国的过程中也使自己的道行日渐深厚，这样，他们也只会给百姓带来福祉，而不会有伤害。老子为证明道在治国中的无比重要地位，使用了鬼神的说法，并不表明他相信鬼神。他是为了让世人对道于治国中的无比威力有个更形象、更深刻、更真切的认识而已。

第六十一章

大国者，下流也。天下之牝，天下之交也。牝常以静胜牡，以静为下。

大国以下小国，则取小国；小国以下大国，则取于大国。故或下以取，或下而取。

故大国者，不过欲兼畜人；小国者，不过欲入事人。

夫两者各得其欲，故大者宜为下。

大国者，下流也。天下之牝，天下之交也。牝常以静胜牡，以静为下。

【词析】

大国：一般指人口众多，国力强盛的国度。

下流：甘居低处。

牝：雌性，这里兼指雌雄两性。

之交：阴阳交合。牡：雄性。

牝常以静胜牡：雌性比雄性好静。

以静为下：雌性因多处于被动的静态，所以交合时常处于下方。

【译文】

大国与小国犹如江海与百川的关系一样，江海所以得百川来归，是因为它甘居下处；大国所以得到小国的尊崇，是因为它能以谦逊卑下自处。天下因为有雌性和雄性，所以才有阴阳交合之事。雌性好静，所以交合时常处于下方。

大国以下小国，则取小国；小国以下大国，则取于大国。故或下以取，或下而取。

【词析】

以下小国：以谦逊的姿态对待小国。

取小国：取得小国的信赖。

以下大国：以谦逊的姿态对待大国。

取于大国：取得大国的包容、信任。

以取：取得信赖。

而取：被包容。

【译文】

大国以谦逊的姿态对待小国，自然会得到小国的信赖；小国以谦逊的姿态对待大国，也必能得到大国的包容。因此，或因谦逊而取得信赖，或因谦逊而被包容。

故大国者，不过欲兼畜人；小国者，不过欲入事人。

【词析】

过：过分。

欲：意欲、企求。

兼畜：畜养、保护。引申为兼并，占有。

入事：事奉、顺从。

人（前）：指小国。

人（后）：指大国。

【译文】

大国不要老是想着去兼并小国，小国也不应过分地顺从和依赖大国，而应平等相待、互相扶持、和谐共处。

夫两者各得其欲，故大者宜为下。

【词析】

各得其欲：得到各自所希望获得的好处。

为下：以谦逊卑下自处。

【译文】

这样，大国与小国便能各得其所，由于大国处于主导地位，因此更应以谦下、礼让的姿态对待小国。

老子在本章所讲的是关于如何处理大国与小国关系的主张。

老子通过赞美江海、雌性甘于处下的品格，要求大国的统治者以一种广阔的胸怀，谦虚的姿态去处理与其他国家，特别是小国的关系。

老子在本章中提出了互相尊重、平等相待、互相扶持、和谐共处的国际关系准则。这对于当今世界正确处理国际关系仍有积极的借鉴和指导意义。

第六十二章

　　道者，万物之奥。善人之宝，不善人之所保。

　　美言可以市尊，美行可以加人。人之不善，何弃之有？

　　故立天子，置三公，虽有拱璧以先驷马，不如坐进此道。

　　古之所以贵此道者何也？不曰：求以得，有罪以免耶？故为天下贵。

　　道者，万物之奥。善人之宝，不善人之所保。

【词析】

万物：万民万物。

奥：藏，含有庇荫、护佑之意。

善人：良善之人。

宝：珍宝。

保：庇护与施益。

【译文】

　　道是宇宙万物的庇护者。它是良善者的无上珍宝；不够良善的人虽不会把它视为珍宝，却也在不知不觉中得到了它的护佑与施益。

　　美言可以市尊，美行可以加人。人之不善，何弃之有？

【词析】

美言：体现道精神的美好言词。

市：买入、赚取、获得。

尊：尊重、尊敬，引申为珍惜、接纳。

美行：为道者的美好行为。

加人：加于人、教育人、影响人、感染人。

不善：德行不好的人。

何弃之有：不应唾弃。

【译文】

能体现道精神的美好言词，能得到人们的珍惜与接纳，并受到它的教化；善为道者的美行对人们则会起到不言而教的感化作用。因此，对于那些德行不好的人，我们不应该唾弃，而应该用道的精神去教化影响他们，使他们改过迁善，同化于道。

故立天子，置三公，虽有拱璧以先驷马，不如坐进此道。

【词析】

立天子：天子登基。

三公：周朝指太师、太傅、太保，泛指辅助君王的最高权臣，三公于不同朝代有不同的称谓。

置三公：三公就位。

璧：美玉。

拱：双手相抱。

拱璧：拱抱之璧，指美玉的体积很大。

驷马：四匹马拉的车。

坐：安在家中。

进此道：诚心修道建德。

【译文】

天子登基、三公就任时，与其去参加接受玉器和马匹的献赠之礼，不如让他们安坐家中，诚心诚意地修道建德。

古之所以贵此道者何也？不曰：求以得，有罪以免耶？故为天下贵。

【词析】

贵此道：把学道修道作为头等大事。

不曰：不是说。

求以得：以求得德行的提升。

有罪以免：悔过自新消除罪咎。

天下贵：天下最珍贵的。

【译文】

古人为什么把学道修道看作头等大事呢？这不正如人们所常说的：修道能使善良的人德行日进，也能使有过失的人通过悔过自新消除罪咎吗？所以，道是天下最珍贵的。

老子在本章中阐发了道对于世人、尤其是治国者的极端重要性。

他指出，道是天下万民万物的守护神，它不仅庇护善良的人，也一视同仁地护佑着那些不够良善的人。学道修道不仅可使善良的人德行日进，也可使有罪的人悔过自新。因此，每个人都应爱道、学道、悟道、行道。

他特别强调，国家的最高领导人要诚心诚意地学道修德，这才是他们的立身治国之本。他反对天子登基、三公上任时的大肆庆祝。认为这种追求形式、讲究排场的做法，对治国者的修德为政毫无好处。

第六十三章

为无为，事无事，味无味。

大小、多少，报怨以德。

图难于其易，为大于其细。天下难事，必作于易；天下大事，必作于细。是以圣人终不为大，故能成其大。

夫轻诺必寡信，多易必多难。是以圣人犹难之，故终无难。

为无为，事无事，味无味。

【词析】

为（前）：动词，做、行动。

无为：治国者的无私之为、以民为本之为和按自然法则行事之为。

事：动词，作、从事。

无事：不干扰百姓、不伤害百姓。

味（前）：动词，品味、玩味、追求、享用、求取。

无味：平淡的生活。

【译文】

圣人只会秉持无私、为民的宗旨并依自然法则而为，而不会私心妄为。圣人只会做有利于百姓的事，而不会做损害百姓的事。圣人只求衣能敝体、食能饱腹的平淡生活，而不会追求奢侈的物质享受。

大小、多少，报怨以德。

【词析】

大小、多少：指矛盾、怨恨是由小而大、由少而多地发展
积累起来的。

报怨以德：用德去化解怨恨。

【译文】

矛盾、怨恨是由小而大、由少而多地发展积累起来的。因此，
人们应当努力地把它扑灭于萌芽的状态之中。一旦怨恨不幸形
成，也应以德相报，用德去化解。

**图难于其易，为大于其细。天下难事，必作于易；天下大事，
必作于细。是以圣人终不为大，故能成其大。**

【词析】

图难：从事艰难的事业。

于其易：着眼于最容易之处。

为大：成就伟大的事业。

于其细：着眼于它的细微处。

作于易：从容易处着手。

作于细：从细微处做起。

终不为大：从不认为自己做的是大事。

成其大：成就了大事业。

【译文】

从事艰难的事业，首先应着眼于它的容易处；成就伟大的
事业，首先应着眼于它的细微处。也就是说，天下间的难事，
必须从最容易处着手；天下间的大事，必须从细微处做起。虽

然圣人从不认为自己做的是大事，却因而成就了大业。

夫轻诺必寡信，多易必多难。是以圣人犹难之，故终无难。

【词析】

轻诺：轻易做出许诺。

寡信：失信用、无法兑现。

多易：把事情看得过于容易。

多难：力不从心、困难重重。

犹难之：格外重视困难。

无难：没有什么困难不能克服。

【译文】

轻易做出许诺的人，往往因无法兑现而失信于人；把事情看得过于容易的人做起事来往往力不从心，困难重重。至于圣人，则格外地重视困难，所以就没有什么困难不可克服的了。

"为无为，事无事，味无味"，这是修道建德的三大准则，是修道有成者的思想行为标准。当修道者经过修炼，进入这种境界之后，老子要求他们做到：一、报怨以德。二、以易去难。三、为小成大。四、不轻许诺、直面困难。

报怨以德，就是用德去回报怨恨，以德去化解怨恨，这是一种很高的道德境界。

以易去难，为小成大。就是做事情要从大处着眼，小处着手。这种由易到难、由小到大的辩证思维方法是具有超时空价值的正确思想方法。

不轻许诺、直面困难，也是一切成功者的行事准则。

第六十四章

　　其安易持，其未兆易谋。其脆易判，其微易散。为之于其未有，治之于其未乱。

　　合抱之木，生于毫末；九层之台，起于累土；千里之行，始于足下。

　　为者败之，执者失之。是以圣人无为故无败，无执故无失。

　　民之从事，常于几成而败之。故慎终如始，则无败事矣。

　　是以圣人欲不欲，不贵难得之货；学不学，复众人之所过。以辅万物之自然，而不敢为也。

　　其安易持，其未兆易谋。其脆易判，其微易散。为之于其未有，治之于其未乱。

【词析】

安：相对稳定的状态。

持：持久。

未兆：未见明显征兆。

易谋：最容易找到问题的原因和发展趋势。

脆：征象初发时，征象脆弱之时。

易判：最容易找到解决的对策。

散：消除、化解、清除。

为之于其未有，治之于其未乱：要见微知著，做出预判，把问题解决于未爆发之时。

【译文】

事物处于相对稳定的状态时最能持久，其乱象初发时最容易找出原因和发展趋势。其征象脆弱之时最容易找到消除的办法，其乱象处于细微之时最容易清除。因此，我们应当做到见微知著，在其未酿成祸乱时及早予以化解。

合抱之木，生于毫末；九层之台，起于累土；千里之行，始于足下。

【词析】

合抱之木：大树。

毫末：芽苗。

九层之台：高台。

累土：一块块的土石。

【译文】

合抱的大树是由毫末般的芽苗逐渐长大而成的；九层的高台是由一块块的土石堆积起来的；千里的行程是从脚下的第一步开始的。

为者败之，执者失之。是以圣人无为故无败，无执故无失。

【词析】

为者：强作妄为的人。

败：失败。

执者：固执己见的人。

无为：不强作妄为。

无执：不固执己见。

【译文】

强作妄为和固执己见的人行事必然会招致失败。圣人由于不强作妄为，又不固执己见，也就不易发生失败的事了。

民之从事，常于几成而败之。故慎终如始，则无败事矣。

【词析】

民：世俗之人。

几成：接近成功。

慎终：善始善终，一如既往。

【译文】

世俗之人做事由于不能善始善终，往往会在事情接近成功的时候遭到失败。所以我们做事必须做到慎始慎终，这样就会少有失败的事了。

是以圣人欲不欲，不贵难得之货；学不学，复众人之所过。以辅万物之自然，而不敢为也。

【词析】

欲（前）：动词，不把……看作……

欲（后）：名词，世俗人的欲望。

不贵：不贪求。

难得：稀有、贵重。

学（前）：动词，学习、仿效。

学（后）：名词，世俗人之不良习气。

复：重蹈、重犯。

所过：所犯过的过错。

辅万物之自然：按合乎自然的原则行事。

不敢为也：不会去强作妄为。

【译文】

所以圣人不会把世俗人的欲望当做自己的欲望，不会像世俗人那样去贪求那贵重难得的钱物；不会去沾染世俗人身上的不良习气，重犯世俗人犯过的过错。他们只会按合乎自然的原则行事，而不会去强作妄为。

老子在本章中阐发的是顺乎自然，即自然而然的无为而治思想。

自然而然，是道的法则或规律。顺应自然则成，强作妄为则败。所以老子告诉世人，要力戒主观固执，强作妄为；做任何事情都要合乎自然并循序渐进、善始善终。他还要求世人，把握住这一大道法则，对可能发生的问题做到防患于未然。

纯朴无邪也是道这种自然而然的原则与精神。因此，老子指出，不生贪念、不染恶习应是世人尤其是学道之人必须恪守的原则。

"合抱之木，生于毫末；九层之台，起于垒土；千里之行，始于足下。"老子这话告诉我们，从事学习必须遵循如下的准则：一、循序渐进。世人追求知识，增长学问，要由浅入深，温故知新，一步一个脚印，而不能企求一步登天。二、善于积累。知识靠积累，所有的大科学家、大学问家的知识都是靠一点一滴地积累起来的。因此，我们必须要以一种坚持不懈、锲而不舍的精神和态度勤学苦练。这样，经过年长日久的积累，必能成为一个有知识，甚至有大学问的人。这是一切求学有成者的必由之路。这个道理，对于开创事业、修道建德的人来说同样是适用的。

第六十五章

古之善为道者，非以明民，将以愚之也。

民之难治，以其智多也。故以智治国，国之贼也；不以智治国，国之福也。

知此两者，亦稽式也。常知稽式，是谓玄德。玄德深矣，远矣，与物反矣，然后乃至大顺。

古之善为道者，非以明民，将以愚之也。

【词析】

古之：古代。

善为道者：修道有成之人。

非以明民：不是引导百姓去学习那些机巧伪诈之术。

愚之也：使之变得敦厚淳朴。

【译文】

古代那些修道有成的人，不是教导百姓去学习和掌握机巧伪诈之术，而是引导他们返璞归真，变得更加敦厚淳朴。

民之难治，以其智多也。故以智治国，国之贼也；不以智治国，国之福也。

【词析】

难治：难于治理。

智多：机巧伪诈的恶习太重。

智：机巧伪诈之术。

贼：祸害国家的贼子。

【译文】

老百姓之所以难于治理，是因为他们沾染了机巧伪诈的恶习。如果统治者以机巧伪诈之术治国，只会刺激和助长老百姓身上的这种恶习，这样的统治者无疑是祸害国家的贼子。如果统治者能不采用机巧伪诈之术治国，实在是国之幸、民之福。

知此两者，亦稽式也。常知稽式，是谓玄德。玄德深矣，远矣，与物反矣，然后乃至大顺。

【词析】

两者：指"以智治国，国之贼也；不以智治国，国之福也"而言。

稽式：法则、规律、要旨。

常知：常能牢记。

玄德：与天同高的美德。

深矣：深厚。

远：久远。

物：民、人们。

反：返。

与物反矣：使人们的德行返归道的本性。

大顺：康泰祥和。

【译文】

如果治国者常能记住上述两个方面的道理，也就把握住了修身治国的要旨；如常能记住这一要旨，并忠实地付诸行动，也就算得上具有与天同高的美德了。玄德是远古先人留传下来的美德，要修成这种美德就必须进行返璞归真的修炼。治国者具备了这种美德，民情民风必能好转，国家必能康泰祥和。

去伪诈存淳朴是本章的要旨。

老子认为，去伪诈存淳朴是修道者的重要任务。因此他要求修道有成者引导百姓不要去学习和沾染机巧伪诈之术，而是用道的质朴本性感化他们，使之变得更加敦厚淳朴。

老子还认为，去伪诈存淳朴更是治国的重要原则。他于是指出，以伪诈之术治国施政的统治者，无疑是祸害国家的贼子；不以诈术治国的统治者，则能福泽于国、福泽于民。为此，他要求治国者牢记以上的道理，并把它作为修身治国的要旨忠实地付之行动。这样，世俗民风必能好转，国家必能康泰祥和。

第六十六章

江海所以能为百谷王者，以其善下之，故能为百谷王。

是以圣人欲上民，必以言下之；欲先民，必以身后之。是以圣人处上而民不重，处前而民不害。是以天下乐推而不厌。

以其不争，故天下莫能与之争。

江海所以能为百谷王者，以其善下之，故能为百谷王。

【词析】

百谷：百条水流、众多溪水。

王者：能令众水所归者。

善下之：它甘居低处。

【译文】

江海能为百水所归，是因为它甘居低处，所以能成为百谷之王。

是以圣人欲上民，必以言下之；欲先民，必以身后之。是以圣人处上而民不重，处前而民不害。是以天下乐推而不厌。

【词析】

欲：想成为、想做到。

上民：居上治民，百姓的领袖。

言下之：言词谦逊。

先民：居前导民，百姓的领头人。

身后之：把个人利益置于百姓的利益之后，在权位名利上不与人相争。

处上：身居高位。

民不重：百姓不会感到受压迫。

处前：在前头发号施令。

民不害：百姓没有受到伤害。

乐推而不厌：有拥戴之心，无厌恶之情。

【译文】

圣人要想成为百姓的领袖，其心应愈加谦虚，其言应愈加谦逊。圣人要想成为百姓的领头人，就应把自己的利益置于百姓的利益之后。这样，圣人虽身居高位，而百姓不会感到受压迫；圣人虽在前头发号施令，而百姓不会感到受伤害。对这样的圣人，天下人只有拥戴之心，而无厌恶之情。

以其不争，故天下莫能与之争。

【词析】

不争：不去争当领袖。

天下：天下人，普天之下。

莫能与之争：没有人能与之相争。

【译文】

这样的圣人尽管不去争当领袖，而百姓偏偏选择他们，这样普天之下就没有人能与之相争了。

221

老子在本章中讨论的是民选官这一国家政权建设的课题。

老子审视了我国从商汤、周武以至春秋战国这一千多年国家政权的更迭历史，认识到：一、这些由武力催生的政权都摆脱不了独裁专制的性质。二、以暴易暴的政权更替方式，是一个没完没了的恶性循环过程。三、无论是更替政权的战争，还是这些由武力催生的政权之暴政，受伤害的永远是国家和广大的老百姓。为了国家的长治久安，百姓的幸福，他主张贤者为王，而反对胜者为王；主张以民择官，而反对世袭的家天下和禅让制。为此，老子要求有志成为百姓领袖的圣人必须在修身建德上下功夫，使之成为道德高尚的人，从而做到把个人利益置于百姓的利益之后，与百姓平等相待，不做伤害百姓的事情，并把官位看作是为百姓、为社会服务的平台和舞台，诚心接受人民的挑选。老子实际上已经提出了竞争性选举的问题，他要求竞争者以自己的德、才、能去参于竞争，而把选择权交给老百姓。

老子在本章提出民选思想的同时又张扬了谦下不争的精神以及官民平等的理念。

第六十七章

天下皆谓我大，大而不肖。夫唯大，故不肖。若肖，久矣，其细也夫！

我恒有三宝，持而宝之：一曰慈，二曰俭，三曰不敢为天下先。

夫慈，故能勇；俭，故能广；不敢为天下先，故能成器长。

今舍其慈且勇，舍其俭且广，舍其后且先，则必死矣。

夫慈，以战则胜，以守则固。

天将建之，若以慈垣之。

道德经详解

天下皆谓我大，大而不肖。夫唯大，故不肖。若肖，久矣，其细也夫！

【词析】

肖：仿效、相像、比拟。

夫唯大：大到无边无际。

不肖：没法相比。

若肖：如果可以相比。

久矣：很久以前。

细：可量可度。

223

【译文】

天下人都说我大，大到没有形物可以比拟。因为我大到无边无际，所以没有任何形物可以与我相比。如果可以相比，我从开始时便应是个可量可度的具体形物而不是道了。

我恒有三宝，持而宝之，一曰慈，二曰俭，三曰不敢为天下先。

【词析】

恒：永久。

持：拥有。

宝之：珍爱它。

慈：慈爱、慈悲、慈善。

俭：勤俭、节俭、俭朴。

不敢为天下先：在权位名利面前永远不与人相争。

【译文】

我之所以伟大，是因为我永久地拥有三件法宝，并无限地珍爱它、尊崇它。第一件叫慈；第二件叫俭；第三件叫不敢为天下先。

夫慈，故能勇；俭，故能广；不敢为天下先，故能成器长。

【词析】

勇：勇敢、力量。

广：繁衍、发展、壮大。

成器长：成为领袖人物。

【译文】

所谓"慈"，就是慈爱、慈悲、慈善，对万民万物有一种慈爱、慈悲、慈善之心。它可激发出庇护万民万物的惊人勇敢和力量。所谓"俭"，就是勤俭、节俭、朴俭，爱惜天下之物，使奢侈之风不长，从而使天下万物得以自然繁衍。所谓"不敢为天下先"，就是在权位名利面前，永不与人相争。拥有三宝的人，品德高尚受人爱戴，所以能成为领袖人物。

今舍其慈且勇，舍其俭且广，舍其后且先，则必死矣。

【词析】

舍：抛弃。

舍其慈：抛弃慈爱。

且：反而。

勇：好勇斗狠、逞强好胜。

舍其俭：放弃节俭。

广：纵欲挥霍。

舍其后：放弃不与人相争的原则。

先：争先恐后争夺。

必死矣：死路一条。

【译文】

相反，如果抛弃了慈爱，而热衷于好勇斗狠；如果拒行俭约，而纵欲挥霍；如果在权位名利面前放弃不与人相争的原则，而是争先恐后去争夺，这样就只有死路一条了。

夫慈，以战则胜，以守则固。

【词析】

夫慈：把慈爱激发出来的勇敢和力量用于对付敌方。

【译文】

慈爱，是三宝之首，把爱激发出的勇敢和力量用于对付暴虐之敌，必然万众一心，其战必胜；把它用于守土为民，必然众志成城，其守必固。

天将建之，若以慈垣之。

【词析】

天将建之：上天要造就某个人。

以慈：采用慈爱。

垣：基础、地基、培养。

【译文】

上天要造就某个人，就应该让他首先培育出一颗慈爱之心、一腔慈悲之情。

本章所论的是道自身所拥有的法宝。

道对于万民万物来说是至高无上的珍宝，道之所以能成为至高无上的珍宝是因为它自身拥有法宝。老子指出道的法宝有三：一是慈；二是俭；三是不敢为天下先。正是道所抱持的慈爱之心、俭约之念、不争之德，使宇宙万物得以正常繁衍，使人类社会得以健康发展。

具有三慈（慈爱、慈悲、慈善）、三俭（勤俭、节俭、俭朴）、三不争（不争权、不争名、不争利）品德的人是真正的大德之人、高德之人。

老子把慈爱排在三宝之首，并主张上天要造就某一个人，就应该让他首先培育出一颗慈爱的心。因此培养学生、孩子的爱心，应是学校、社会、家庭教育的首要任务。这也是老子教育思想的核心内涵。老子这一思想有着重大的理论意义和社会实践意义。

道之三宝，利万民、利万物、利社会，放之四海而皆准。道之三宝的普遍适用性，进一步证实老子道文化之博大与崇高。

第六十八章

善为士者，不武；善战者，不怒；善胜敌者，不与；善用人者，为之下。是谓不争之德，是谓用人之力。是谓配天之极。

善为士者，不武；善战者，不怒；善胜敌者，不与；善用人者，为之下。是谓不争之德，是谓用人之力。是谓配天之极。

【词析】

为：治理、管理，这里作统率、统领解。

士：春秋时期有一定社会地位的文人武士均称士，这里指的是军中的统帅。

不武：不逞武勇。

善战：善于指挥作战。

善胜敌：善于克敌制胜。

不与：不短兵相接、不正面交锋。

为之下：以谦卑的态度对人。

用人之力：依靠众人的力量。

配天：符合天道。

之极：最高的行为准则。

【译文】

善于统兵的主帅，不崇尚武勇；善于指挥作战的将军，不容易被敌方的激将法所激怒；善于克敌制胜的领兵者，不轻易以所率之兵与敌军短兵相接，善于用人的领导者，也总能礼贤下士。这就算得上是一种不争之德，它体现的是善于依靠众人的力量去成就众人事业的思想。这就是与道合真的最高行为准则。

本章中老子从一个新的视角来阐发他的战争观。他是以一种人道主义的情怀审视战争的。"善为士者，不武。"在老子看来，迷信武力的统兵者不是好统帅，真正的胜利是兵不血刃，是和平地解决纷争。"善战者，不怒；善胜者，不与。"老子不仅反对崇尚武力、反对侵略战争，就是在反侵略战争中，他也主张避免杀戮。

"善用人者为之下，是谓不争之德，是谓用人之力。"老子在本章中提出了不迷信个人，而应依靠众人力量去成就众人事业的思想。美国管理学大师艾博契特指出："老子讲这几句话已有两千多年历史，它代表见识不凡的管理者长久以来都在努力，但仍未有人趋近这种道的境界。从某种意义来看，管理者的历史，也就是试图实践这项基本观念的历史。"

第六十九章

用兵者有言："吾不敢为主而为客，不敢进寸而退尺。"

是谓行无行，攘无臂，执无兵，乃无敌矣。

祸莫大于无敌，无敌几丧吾室矣。

故抗兵相若，则哀者胜矣。

用兵者有言："吾不敢为主而为客，不敢进寸而退尺。"

【词析】

用兵者：军队的统帅或将领，掌握军队和指挥军队的人。

有言：有种说法。

吾：我方、我国。

为主：主动。

为客：战争的被动承受者。

不敢进寸：不主动攻占敌方的土地。

退尺：在己方的国土上后撤。

【译文】

有统兵者曾这样说："我不会主动挑起战争，只会在不得已的情况下对敌进行还击。我不会主动攻占敌方的土地，甚至可实行一定程度的后撤。"

是谓行无行，攘无臂，执无兵，乃无敌矣。

【词析】

行（前）：布阵。

行（后）：军阵。

行行：布下战阵。

行无行：即无行行，指敌方看不到我方布下的战阵。

攘：举起。

臂：手臂。

攘无臂：即无攘臂，敌方看不到我方士兵举起的手臂，指敌方看不到我方的士兵。

执：手执、执持。

兵：兵器。

执无兵：即无执兵，指敌方看不到我方士兵手中的武器。

无敌矣：不可战胜、取得战争胜利。

【译文】

当敌方进犯时，我们就把自己的军队隐蔽起来，使敌方看不到我方的战阵，看不到我方的士兵，也看不到我方的兵器，如此以逸待劳、以静制动，时机成熟时就给敌方突然的反击，这样，一定能取得战争的胜利。

祸莫大于无敌，无敌几丧吾室矣。

【词析】

祸莫大于无敌：最大的祸患莫过于自以为天下无敌。

几：接近、导致、招致。

吾室：我的国家。

【译文】

骄兵必败，因此，祸患莫大于自以为天下无敌。如果自以为天下无敌，以强凌弱，到头来必定会招致失道、丧身、害家、亡国的结局。

故抗兵相若，则哀者胜矣。

【词析】

抗兵：相对抗的军队。

相若：相当。

哀者：正义的一方、受侵略的一方。

【译文】

所以，当兵力相当的两军相对抗，一定是正义的哀兵一方取得最后的胜利。

老子以反对侵略战争的立场再论他的战争观。

老子反对挑起战争，希望各方都不先打第一枪。这样，战争就不会发生，和平就有希望。他主张在反侵略战争中以奇用兵也同样是为了尽早结束战事，阻止它的蔓延和扩大。

老子告诫战争的被承受方——反侵略一方，在取得战争的阶段性胜利后，千万不要骄傲，不要自以为天下无敌，否则就会引发可怕的后果。他同情并支持正义之师，认为在兵力相当的情况下，一定是正义的哀兵一方取得最后的胜利。

"先发制人"与"不先打第一枪"，虽然只有先动与后动之别，但前者意味着战争，后者预示着和平。老子这种反战、主和的战争观，乃是道的不争之德，道的慈爱与人道精神在军事、战争领域方面的具体体现。

第七十章

吾言甚易知，甚易行。天下莫能知，莫能行。
言有宗，事有君。夫唯无知，是以不我知。
知我者希，则我者贵。是以圣人被褐而怀玉。

吾言甚易知，甚易行。天下莫能知，莫能行。

【词析】

吾言：我的言论。

甚：十分、非常。

易：容易。

知：理解。

易行：易于实行、易于践行。

天下：天下人、许多人。

莫能知：难于理解、无法理解。

莫能行：难于实行、无法实行。

【译文】

我的言论容易理解，也容易践行。可天下人却觉得不易理解，也难于践行。

言有宗，事有君。夫唯无知，是以不我知。

【词析】

宗：出处、源头。

事：行事、修道建德的行动。

君：根据。

无知：不理解。

不我知：即"不知我"，不了解我。

【译文】

其实我的言论出自上古以来流行的大道传统，是有根有源的。世人对道不去探索，对它自然一无所知了。对道无知，就必定无法理解我等修道建德的行动和努力了。

知我者希，则我者贵。是以圣人被褐而怀玉。

【词析】

希：稀少。

则：准则、效法。

贵：境界之崇高。

被：披、穿着。

褐：粗布衣裳。

玉：宝玉，引申为宝玉似的美丽心灵。

【译文】

理解我等的人少，反显能效法我言论的人之难能可贵。修道有成的圣人尽管穿着穷人才穿的褐色粗布衣裳，而它包裹着的却是如宝玉似的美丽心灵。

———— ❦ ————

本章是老子对他的言论不为世知、不为人们践行所发出的责问和慨叹。他进一步阐明了"道"的特点，赞扬了圣人"被褐怀玉"的内在美德，揭示了体道行道的先决条件和基本要求——去除自身私心、私欲，才能达到内心的完美、大道的境界。

至于老子之言为什么不为世知，不为人行？为什么"知我者希，则我者贵"？老子没有进一步地挖根求源。王弼注曰："惑于躁欲，故曰莫之能知也；迷于荣利，故曰莫之能行也。"可见，在老子那个时代，人们尤其是上层为政者受躁欲和荣利的迷惑而对老子之言"莫能知，莫能行"，是不足为怪的。要求那些财货有余、贪得无厌的侯王去理解和践行老子的少私寡欲、清静无为之言是根本不可能的。这也正是古今中外的贪官们拒绝老子思想的原因。

"被褐怀玉"的得道之人，其思想、品格是值得赞美、效法的。他们去除私心私欲，以道化天下为己任、为终身事业。因此，经得住是非、耐得住寂寞、也挨得住清贫。不管遇到什么困难，他们对道都会矢志不渝、独行不改。这种精神和品性，在当今社会仍有重要的现实意义。

第七十一章

知不知，尚矣；不知知，病矣。
是以圣人不病，以其病病；夫唯病病，是以不病。

知不知，尚矣；不知知，病矣。

【词析】

知（前）：动词，学习、掌握、了解。

知（前二）：名词，知识、本领。

尚：同"上"，好的、优的、正确的、高明的。

知（前三）：动词，懂得、了解。

知（后）：名词，知识、本领。

病：病态、毛病、错的。

【译文】

努力去学习和掌握自己尚未懂得的知识，这是正确的态度、高明的表现；明明不懂却不肯虚心学习，反而不懂装懂，这是错误的态度，是一种病态表现。

是以圣人不病，以其病病；夫唯病病，是以不病。

【词析】

病（前）：指不懂装懂，自以为是的毛病。

病（前二）：动词，意为鄙弃、厌恶。

病（前三）：毛病。

【译文】

圣人身上所以没有不懂装懂的毛病，是因为他们厌恶它、鄙弃它。正因为圣人厌恶、鄙弃不懂装懂这种毛病，所以这毛病就不会发生在他们的身上。

老子在本章中教导世人应抱有一种正确求知的态度。

懂就是懂，不懂就是不懂。这才是智者对待知识、对待学问的应有态度。但世人往往拘泥于自己有限的知识而妄自尊大，自以为是，这就必定难以长进了。

庄子说："吾生也有涯，而知也无涯。"人的生命是短暂的、有限的，而世界却是无限的，世人对事物、对道的认识也是无限的，无止境的。所以老子告诫世人应正视自己的无知，并鄙弃不懂装懂这种毛病，做到虚心地求知，不懈地求知，活到老，学到老。

第七十二章

民不畏威，则大威至矣。
无狎其所居，无厌其所生。夫唯不厌，是以不厌。
是以圣人自知，不自见；自爱，不自贵。故去彼取此。

民不畏威，则大威至矣。

【词析】

畏：畏惧。
威（前）：威权、威吓。
威（后）：动乱、祸乱、危机。

【译文】

当老百姓被逼到不再畏惧统治者的威权时，更大的社会危机就要发生了。

无狎其所居，无厌其所生。夫唯不厌，是以不厌。

【词析】

狎：读 xiá，同"狭"，挤逼、逼迫。
居：安居。
厌（前）：阻塞、压榨。
厌（中）：欺压、欺负。
厌（后）：不满、厌恶、厌弃。

【译文】

因此，统治者千万别把老百姓逼迫到不得安居的地步，也不要把老百姓压榨到无法生存的境地。只要统治者不欺压、不剥夺老百姓，老百姓自然不会产生不满情绪，也自然不会起来反对他们。

是以圣人自知，不自见；自爱，不自贵。故去彼取此。

【词析】

自知：有自知之明。

自见：自以为是、恣意妄为。

自爱：严于律己。

自贵：耀武扬威、宣示高贵。

【译文】

由于圣人懂得百姓才是自己的生存之本，因此绝不会自以为是和恣意妄为。这样的圣人还能做到严于律己，而不会在老百姓面前耀武扬威，以示高贵。所以，在自知、自爱与自见、自贵之间，圣人选择的一定是前者，舍弃的一定是后者。

官逼民反，这是古今中外永恒不变的社会规律。老子认为，民反是官逼所致。历史和现实一再证明：当到了官场严重腐败、社会财富分配严重不均、社会公平正义严重缺失、社会道德严重沦丧之时；而在最高统治集团又对此熟视无睹，放任放纵，或束手无策的情况下，社会革命就必定会爆发，统治者就必定要被推翻。所以他告诫统治者必须要以百姓之心为心，为他们谋利益、谋幸福，而不要站在百姓的对立面，去欺压他们、剥夺他们，否则，就会自取灭亡。

为此，老子要求治国者要有自知之明，要牢记自己的仆人定位，要严于律己；而千万不要在百姓面前耀武扬威、自示高贵，更不能对他们胡作妄为。

第七十三章

　　勇于敢则杀，勇于不敢则活。此两者，或利或害。天之所恶，孰知其故？
　　天之道，不争而善胜，不言而善应，不召而自来，繟然而善谋。天网恢恢，疏而不失。

**　　勇于敢则杀，勇于不敢则活。此两者，或利或害。天之所恶，孰知其故？**

【词析】
　　勇：一味地、不顾一切地。
　　敢：好勇斗狠、逞强凌弱。
　　杀：杀身之祸、自取灭亡。
　　勇（后）：坚守、坚持。
　　不敢：守持柔弱、不好勇斗狠、不逞强凌弱。
　　活：生存、立于不败之地。
　　利：利人利己。
　　害：害人害己。
　　恶：厌恶、厌弃、不相容。

【译文】
　　一味地好勇斗狠、恃强凌弱的人必定会招来杀身之祸。守持柔弱、不逞强好胜的人则能立于不败之地。前者害人害己，后者利己利人。前者自然为天地所不容，为什么？因为他们违背了天道的慈爱精神。

天之道，不争而善胜，不言而善应，不召而自来，绰然而善谋。天网恢恢，疏而不失。

【词析】

不争：不相争、不争斗较量。

胜：征服、服从、遵从。

不言：不说话、不费口舌。

应：顺应、响应。

召：号令、召唤。

来：接受庇护和驱使。

绰然：绰读 chān，坦然、漫不经心的样子，不刻意求的样子。

善谋：善于运筹谋划。

恢恢：广大无边。

疏：稀、网孔很疏。

失：漏失、遗失。

【译文】

天道从来不会去争什么高下，天下万物却诚心拥戴它；天道从来不发号施令，天下万物却自动遵循它的规律；天道从来不会号令万物置于自己的麾下，天下万物却自觉接受它的庇护和驱使。天道坦然而善谋，使天地间的一切都井井有条。它宛如一张广大无边、威力无比的天网，网孔虽疏，但没有谁能逃离它，能摆脱它的影响。

老子在本章中阐发的是道的无穷威力。

　　他首先指出违道而行的好勇斗狠者必然不会有好下场。接着论说了道与天地万物的关系：道不会去争高下，万物却诚心遵从它；道没有要求万物服从自己，万物却自动顺应它；道没有对万物进行召唤，万物却自觉接受它的庇护。道虽然没有刻意去运筹策划，它却能使天地间的一切都显得那样井井有条。老子最后用"天网恢恢，疏而不失"八个字高度概括道的威力之无所不在，无时不有。这就是顺之者昌，逆之者亡。

　　"天网恢恢，疏而不失。"这是老子留给世人的格言。这千古不朽的格言，是对所有冒死犯道者的警告，是对所有亡命之徒的警告，也是对一切敢于冒天下之大不韪者的严厉警告。

第七十四章

　　民不畏死，奈何以死惧之？

　　若使民常畏死，而为奇者，吾得执而杀之，夫孰敢矣！

　　常有司杀者杀。夫代司杀者杀，是谓代大匠斫。夫代大匠斫者，则希有不伤其手矣。

民不畏死，奈何以死惧之？

【词析】

不畏死：不畏惧死亡、连死都不怕。

奈何：怎么能。

以死惧之：以死亡相恐吓。

【译文】

　　暴政苛政之下，老百姓没有活路，必定会起来作拼死的反抗。老百姓到了连死都不怕的境地，再以死亡相恐吓，难道还会有作用吗？

若使民常畏死，而为奇者，吾将执而杀之，夫孰敢矣！

【词析】

畏死：珍惜生命。

奇者：行为乖张者、诡异乱群者。

执而杀之：打击惩处。

孰敢矣：谁还敢……

【译文】

治国者如能使老百姓安居乐业，他们自然会珍惜自己的生命。在这种情况之下，就算有诡异乱群者胆敢作奸犯科，只要官府及时打击惩处，其余心存妄念的人恐怕也就不敢再为非作歹了！

常有司杀者杀。夫代司杀者杀，是谓大匠斫。夫代大匠斫者，则希有不伤其手矣。

【词析】

有：设立、设置。

常有：常设。

司杀者：专门负责惩罚罪犯的机构。

杀（前二）：行使、实施。

代：代替。

大匠：高明的木匠。

斫：读 zhuó，劈、削。

是谓代大匠斫：好比一个外行人代替木匠加工木料一样。

希：同"稀"，很少有。

手：身体、身躯。

【译文】

国家应成立专门的常设机构来行使打击惩处罪犯的权力。如果有人越俎代庖替司法机关去惩处罪犯，就好比一个外行人替代木匠去加工木料一样，是很少有不伤到自己的身体的。

老子警告治国者，暴政苛政只会导致官逼民反，因此他劝说治国者要行仁政，让百姓安居乐业，珍惜自己的生命，这样就算有少许人犯法，也影响不了社会安定的大局了。

　　老子还主张设置专门的司法部门，行使打击惩处犯罪的权力。主张上至帝王、下至百姓都不应拥有惩处罪犯的权力，更不能擅主生杀之权。老子提出的由司法部门独立司法的这一课题，可视为去人治、立法治的法治思想的萌芽。

第七十五章

民之饥者，以其上食税之多也，是以饥。
民之难治者，以其上之有为也，是以难治。
民之轻死者，以其上生生之厚也，是以轻死。
夫唯无以生为者，是贤于贵生者也。

民之饥者，以其上食税之多也，是以饥。

【词析】

饥：受饥挨饿。
其上：统治者。
食税之多：收税过重。

【译文】

百姓所以受饥挨饿，是由于统治者收税过重。所以说民众饥饿，正是税重造成的。

民之难治者，以其上之有为也，是以难治。

【词析】

难治：难于治理。
有为：胡作非为、强作妄为。

【译文】

百姓之所以难于治理，是由于统治者违背了清静无为的原则，而胡作非为所致。所以说百姓难治，正是统治者的不当作为造成的。

民之轻死者，以其上生生之厚也，是以轻死。

【词析】

轻死：把死看得很轻，不害怕死亡。

生生之厚：过分追求物质享受。

【译文】

百姓所以把死看得很轻，敢于以死对抗政府，是由于统治者过分追求物质享受而盘剥民众所致。民众到了生存不下去的时候，自然会铤而走险，起来反抗。所以说百姓敢于以死对抗政府，正是统治者为了自己的享受而过度压榨民众所造成的。

夫唯无以生为者，是贤于贵生者也。

【词析】

无以生为：不追求奢侈的物质享受，安于恬淡的生活。

贤于：胜于、胜过。

贵生：厚养生命、奉养过度。

【译文】

因此，不追求物质享受而又能实施清静无为的统治者，比之那些不顾民众疾苦、一味追求奢侈享受的统治者要贤明千百倍。

老子对民之饥、民难治、民轻死这三大社会问题及成因进行分析时指出，百姓所以受饥挨饿，是因为政府收税太重，而这些税不是投放给民生、回报给百姓，而是被统治者挥霍掉了。百姓所以难于治理，是因为统治者高高在上，无视民间疾苦；作威作福，欺压百姓；强作妄为，伤害百姓。百姓所以把死看得很轻，敢于以死对抗政府，是因为统治者只顾以非法的手段占有财富，过着花天酒地的生活，真可谓"官家一席酒，穷人半生粮"。为了国泰民安，老子期待统治者能成为不追求奢侈的物质享受，安于恬淡生活的贤者。希望他们做到以素朴为荣，以奢华为耻；以奉献为荣，以享乐为耻；以老百姓的利益、幸福为自己的思想行为准则。

第七十六章

人之生也柔弱，其死也坚强。
草木之生也柔脆，其死也枯槁。
故坚强者死之徒，柔弱者生之徒。
是以兵强则灭，木强则折。
故坚强处下，柔弱处上。

人之生也柔弱，其死也坚强。

【词析】

人之生：人活着的时候。
柔弱：身躯柔软。
其死：人死了。
坚强：坚硬僵直。

【译文】

人活着的时候，身体是柔软的，死了便变得坚硬僵直了。

草木之生也柔脆，其死也枯槁。

【词析】

柔脆：柔软脆嫩。
枯槁：指草木死后变得干枯。

【译文】

草木生长的过程中，身体是柔软脆嫩的，死之后便变得枯朽了。

故坚强者死之徒，柔弱者生之徒。

【词析】

坚强：最壮旺的状态。

死之徒：死亡之期将至者。

柔弱者：初生体。

生之徒：具有强旺的生命力者。

【译文】

所以说，事物到了最旺盛的时候，因为生机将竭，死亡之期便不远了；而当事物处于柔软脆弱之时，因为是初生，便有着强旺的生命力。

是以兵强则灭，木强则折。

【词析】

兵强：兵器过于坚硬。

灭：折断。

木强：树木过于坚硬。

折：折断。

【译文】

兵器过于坚硬，使用时很容易被折断。树木过于坚硬，由于失去柔韧性，也容易被风摧折。

故坚强处下，柔弱处上。

【词析】

处下：走下坡路、走向死亡。

处上：天天向上，日益壮旺。

【译文】

事物到了最旺盛的时候，就必然要走下坡路，走向死亡；而当其处于初生而柔弱之时，则必定天天向上，日益旺盛，这是自然界和人类社会永恒不变的规律。

老子在本章中揭示的是"坚强处下，柔弱处上"的辩证法则。所谓"坚强处下，柔弱处上"，是说事物到了最强旺的时候，就要走向死亡，柔弱初生的事物则能天天向上。这是自然界和人类社会的一条不变的规律。

"坚强处下，柔弱处上。"这一辩证法的道理能给世人深刻的启迪。例如，当一个人处于贫弱之时，如能奋发向上，努力学习，积极劳动，勤于经营，就必能化弱为强，化贫为富；当其进入强者、富者的行列之后，如能处处低调、事事勤勉，不骄傲自满，不坐享其成，就必能使自身得以继续发展与进步。

第七十七章

　　天之道，其犹张弓欤？高者抑之，下者举之；有余者损之，不足者补之。

　　天之道，损有余而补不足。人之道，则不然，损不足以奉有余。

　　孰能损有余以奉天下？唯有道者。

　　是以圣人为而不恃，功成而不居。其不欲见贤也。

　　天之道，其犹张弓欤？高者抑之，下者举之；有余者损之，不足者补之。

【词析】

犹：好像。

张弓：张开准备射击的弓。

高者：偏高时。

抑之：调低它。

余者：有余时。

损之：减损它。

不足：欠缺。

补之：增益它。

【译文】

天之道，不就像张开了准备射击时的弓的情形一样吗？偏高了把它调低，偏低了需把它调高。换句话说，就是有余时就减损它，不足时就增益它。

天之道，损有余而补不足。人之道，则不然，损不足以奉有余。

【词析】

损：减损。

有余：富余、富贵。

补：增益。

不足：短缺、贫穷、贫弱。

奉：奉送、奉养。

【译文】

天之道，是减损有余而增益不足，使大与小相匀，使有余与不足持衡。世俗人之道则与天道相反，他们通过对贫弱者的剥夺去奉养那些富贵者，从而使贫者越贫，富者越富。

孰能损有余以奉天下？唯有道者。

【词析】

奉：救助、资助。

天下：天下人。

【译文】

谁能做到以己的富余去救助那些贫弱的人呢？只有那些得道的人。

是以圣人为而不恃，功成而不居。其不欲见贤也。

【词析】

不恃：不恃己能。

不居：不居功。

不欲：不愿意。

见：同"现"，指表现、展示。

见贤：展示自己的贤德。

【译文】

得道的圣人虽然对贫弱者施予了救助，但不会自恃其能，更不会自居其功，因为他们不愿意把自己的贤德展示在世人的面前。

老子在本章中提出了"损有余而补不足"之公平的社会分配原则。

公平公正，这是道的精神、道的品格，因此，老子希望人类应效法均平调和的自然法则，实行社会财产的公平分配。

"损有余而补不足"，是实行社会财富公平分配的其中一个环节，为此，老子要求心中有道的圣人更应该自觉去损己之有余以补天下人之不足。而且即使这样做了也不应自炫其能，自炫其功。

在老子生活的那个时代，要想做到"损有余而补不足"，实行社会财富的公平分配，是根本不可能实现的。但在两千多年后的当今社会，老子这种思想不仅有着重要的理论意义，而且有着重大的实践意义。

第七十八章

天下莫柔弱于水，而攻坚强者莫之能胜，以其无以易之也。

柔之胜刚，弱之胜强，天下莫不知，而莫之能行也。

故圣人云："受国之垢，是谓社稷主；受国之不祥，是谓天下王。"正言若反。

天下莫柔弱于水，而攻坚强者莫之能胜，以其无以易之也。

【词析】

天下：普天之下。

莫：没有。

柔弱于水：比水更柔弱的。

能胜：能超过。

易：更易、更改、替代。

【译文】

天下没有什么东西比水更为柔弱的了，而攻强摧固的能力没有谁能胜过它的，因此，没有谁能替代它。

柔之胜刚，弱之胜强，天下莫不知，而莫之能行也。

【词析】

柔：柔弱。

胜：优胜、战胜。

刚：刚强。

弱：弱小。

强：强大。

天下：天下人。

莫不知：没有不知道的、没有不懂得的。

莫之能行：没有很多人能实行它。

【译文】

柔弱的可以胜过刚强的，弱小的可以战胜强大的，这个道理天下无人不懂，但没有多少人能用它来指导自己的行动。

故圣人云："受国之垢，是谓社稷主；受国之不祥，是谓天下王。"正言若反。

【词析】

受国之垢：为国家忍辱负重。

社稷主：国家的领导人。

受国之不祥：为国家承担凶险。

天下王：天下的君主、天下人的领袖。

正言：符合道的精神之话。

若反：好像很负面。

【译文】

守柔、处下、受垢是水的品格，也是圣人的品格。所以古之圣人曾说：勇于为国家忍辱负重的，才配做国家的领导人。勇于为国家承担凶险灾难的，才配做民众的领袖。这些话听起来显得那样负面，可它却是符合大道的至理之言。

老子通过论说最柔弱的水具有最强大的力量，倡导一种守柔、处下、受垢的精神和思想。

　　老子主张守柔，是因为柔能胜刚，弱能胜强，柔弱能致和谐。问题是许多人不懂得自处于下，自处于柔弱的妙用，而一味地争强好胜，该退让时不退让，该通融时不通融，撞了墙也不懂得回头。这既不能利人利己，对社会之和谐更无好处。

　　处下、受垢是水的品格，也是圣人的品格。所以，老子要求治国者不应高高在上，摆官威、图享受，而应为国家、为天下人忍辱负重，承受凶险，化解灾难。这种自我牺牲、自我奉献的精神正是老子所提倡的仆人精神的体现。

第七十九章

和大怨，必有余怨；报怨以德，安可以为善？

是以圣人执左契，而不责于人。有德司契，无德司彻。

天道无亲，常与善人。

和大怨，必有余怨；报怨以德，安可以为善？

【词析】

和大怨：对大怨进行调和化解。

余怨：遗留下一些小恨小怨。

报怨以德：以德去化解仇怨。

安可以为善：怎么能说这是最妥善的办法呢？

【译文】

结了怨就应努力去化解，不过，怨恨不是轻易可以彻底消除的，大恨大怨化解之后还可能会留下一些小恨小怨。如果任由与人结恨结怨，然后再用以德相报的方法去化解，这显然不是智者、善者之所为。冤家宜解不宜结，因此，我们应尽量避免与人结怨。

是以圣人执左契，而不责于人。有德司契，无德司彻。

【词析】

契：契约、合同，这里是指借据。

左契：古代的契约分左右两半，甲方即债权人保存左半，乙方即债务人保存右半。

责：索取、追还。

有德：有德的治国者。

彻：周朝的赋税制度。

司彻：像掌管税收者那样强征巧取。

【译文】

圣人像手执借据而不向举债人索还那样宽容。有德的治国者就像这样的圣人一样善待、爱护百姓，从而得到他们的拥护；无德的统治者则像强征巧取的收税人那样不顾百姓的生死，从而引发他们的怨恨。

天道无亲，常与善人。

【词析】

无亲：无亲无疏。

常：经常、总是。

与：给予、帮助。

善人：善于修道建德的人。

【译文】

天道没有亲疏厚薄之分，但总是乐意去爱护和帮助那些信道行道的人。如果治国者都能循道而行，人世间的怨恨就会大大减少。

老子告诫治国者不要结怨于民，而应以德和民，以德亲民。老子认为，统治者要治理好国家，仅以"和大怨"、"报怨以德"的方针对待百姓是不够的。要从根本上解决问题，就应以"常与善人"的情怀对待他们，只关爱帮助他们，而不骚扰、不暴敛、不压迫他们。因为如果一旦与民结了怨，形成上下对立，就会造成危及其统治基础的严重后果，再想采取和解措施去补救，就难以有圆满的结局了。

"天道无亲，常与善人"，天道对万物万民是一视同仁地庇护和施益的。老子因此要求世人，尤其是治国者要秉持天道的精神，避免与民结怨，一旦结了怨，也应该积极去化解。

第八十章

小国寡民。使有什佰之器而不用。使民重死而不
远徙。虽有舟舆，无所乘之。虽有甲兵，无所陈之。
使民复结绳而用之。
甘其食，美其服，安其居，乐其俗。
邻国相望，鸡犬之声相闻，民至老死不相往来。

小国寡民，使有什佰之器而不用。使民重死而不远徙。虽
有舟舆，无所乘之。虽有甲兵，无所陈之。

【词析】

小国：国土规模较小。

寡民：人口数量不多。

什佰：十人为一伍，百人为一队，是古时我国军队的基层
建制，相当于今天军队中的班和连。什佰之器指的是军人使用
的武器，即战争武器。

重死：珍惜生命。

远徙：远程迁徙、远程占领。

舟舆：战船战车。

乘：驱动，乘坐。

甲兵：盔甲兵器。

陈：同"阵"，排兵布阵、投入战场。

【译文】

领土规模不大，人口数量不多，这是一种理想的民族区域自治的国家模式。这时的国家，视战争武器为无用之物，因为它不以拥有广阔的领土、众多的人口为目标，而以追求永久的和平为宗旨。这时，各国的人民十分珍惜自己的生命，也十分热爱自己的家园。以生命为代价去发动战争，并通过远程迁徙的方式去占领他国领土，他们是不会干的。在这样的国家里，战船战车、盔甲武器是派不上用场的。

使民复结绳而用之。

【词析】

结绳：结绳记事。"使民复结绳而用之"，不是说要取消文字、文化，实施有文字时代向无文字时代的倒退；而是说未来的大同世界将重现结绳记事时代的一些社会特征，那时的人类，纯朴善良、诚实友爱，人与人、人群与人群之间没有对立、没有纷争，而是和谐地、亲密无间地生活在一起。

【译文】

在那时的国家里，结绳记事时代的那种敦厚善良、诚信友爱、和谐无间的古朴民风得到了重建。

甘其食，美其服，安其居，乐其俗。

【词析】

甘其食：有充足美味的食物。
美其服：有华丽暖身的衣着。
安其居：有漂亮舒适的居所。
乐其俗：有令人心身愉快的娱乐。

【译文】

在这样的国家里，人人有充足味美的食品，有华丽暖身的衣着，有漂亮舒适的居室，还有令人身心愉快的娱乐。

邻国相望，鸡犬之声相闻，民至老死不相往来。

【词析】

老死：一代又一代的人从出生到终老。

往来：有友好的往来，也有不友好的往来。这里指的是不友好的往来。如互相骚扰、互相侵害以及一方对另一方发动战争等。

【译文】

毗邻的国家虽然相互望得见，鸡犬之声都能听得到，但彼此间，世世代代都不会发生互相骚扰、互相侵害的事。

老子在本章中基于对当时社会现实的不满，提出了"小国寡民"的社会模式，进而对理想社会的基本特征和美好景象做了精心的描绘。这既是老子行自然无为之政思想的寄托，也是老子对当时社会现状的抵触和批判。

未来的世界大同社会是一个怎样的社会？老子在本章中试图告诉我们：

那是一个没有战争的世界。"使有什佰之器而不用"，"虽有舟舆，无所乘之"，"虽有甲兵，无所陈之"。那时的国家和人们视战争武器为无用之物，为什么？因为那时的世界已不再有战争，无论是侵略战争还是反侵略战争。在这样的世界里，纵使有战船战车、盔甲兵器，也派不上用场；国家以追求永久的和平为宗旨，人民以维护永久的和平为己任。

那是一个民风淳朴的世界。"使民复结绳而用之",老子告诉我们,结绳记事时代的一些社会特征将会重现在未来的世界上。那时的人类纯朴善良、诚信友爱,人与人、人群与人群之间没有冲突、没有纷争,而是和谐无间地生活在一起。

那是一个真正丰衣足食的世界。"甘其食,美其服,安其居,乐其俗。"那时的世界,社会生产力得到了高度发展,人类不仅享用到富足的物质生活,也享受到健康的精神生活。

那是一个真正实现了国与国之间和平共处的世界。"邻国相望,鸡犬之声相闻,民至老死不相往来。"那时的国家之间不但不会有战争,它们的人民就是住得很近很近,世世代代也都不会发生互相骚扰、互相侵害的事,而是相互以邻为伴,以邻为友。

这是老子为未来人类所描绘的大同社会的美好图景。那是一个没有阶级、没有剥削的世界,是一个没有纷争、没有战争的世界,是一个社会生产力高度发展、社会物质财富极大丰富的世界,是一个人人道德高尚、个个精神纯美的世界。

第八十一章

信言不美，美言不信。
善者不辩，辩者不善。
知者不博，博者不知。
圣人无积，既以为人己愈有，既以与人己愈多。
天之道，利而不害。
圣人之道，为而不争。

信言不美，美言不信。

【词析】

信言：真实的话、诚恳由衷的话。
不美：不中听、听得不舒服。
美言：虚假的话、伪饰的话、吹捧的话、言不由衷的话。
不信：不可信。

【译文】

真话，往往容易使人感到不中听，使人听得舒服的则往往是大话或假话。

善者不辩，辩者不善。

【词析】

善者：善良的人。

不辩：不逞口舌之辩。

辩者：巧辩、伪辩的人。

不善：不是良善之辈。

【译文】

善良的人不逞口舌之辩，热衷于伪辩、巧辩的多非良善之辈。

知者不博，博者不知。

【词析】

知者：真正有知识的人、知识渊博的人。

博：博取、卖弄。

博者：喜欢卖弄学问的人。

不知：知识不渊博、没有真才实学。

【译文】

知识渊博的人不会去卖弄学问，喜欢卖弄学问的则多无真才实学。

圣人无积，既以为人己愈有，既以与人己愈多。

【词析】

圣人：品德高尚的人。

无积：不积聚、不吝啬、不保留。

为人：帮助人、服务人。

愈有：越富有。

与人：给予人、赠与人、奉献于人。

愈多：与"愈有"同解。

【译文】

怀抱济世为民情怀的圣人，会毫无保留把自己的所有所能奉献社会、服务民众，他们越是把自己拥有的付给别人、付给社会，越是感到自己富有，因为他们从中收获了快乐、收获了尊重。

天之道，利而不害。圣人之道，为而不争。

【词析】

利：施益。

害：加害、损害。

为：服务社会、服务民众。

不争：不争名图利。

【译文】

天道只会施益于万民万物，而不会加害于他们。圣人只会竭尽所能为民众、为社会服务，而不会去做那争名图利的事情。

本章是《道德经》的收结篇。老子在本章中阐述了正确看待信与美、善与辩、知与博、无积与愈有的辩证法思想，提出了评判人们行为的道德标准，赞颂了真、善、美、"圣人无积"和"为而不争"的圣人之德。

"信言不美，美言不信"，"知者不博，博者不知"。老子开章就教导世人学会透过现象看本质，区分真与假。阿谀奉承之词，虽然听起来令人飘飘然，令人很舒服，但那是虚假的话、有害的话。有的人口若悬河，自我吹嘘、自我标榜，仿佛给人一种很有学问的感觉；其实真正知识渊博的人是不会去卖弄学问的。老子以此要求人们努力守"真"去"假"。"善者不辩，辩者不善。"老子还要求世人做善良、诚实的人，而不去学那伪诈狡辩之术。

　　"圣人无积"，是最高的真和善。它也是本章的要旨。圣人之所以伟大，是因为他们能够倾己之所有、所能去奉献社会、帮助别人，而不私自占有。这是一种伟大的无私奉献精神。

　　"利而不害"、"为而不争"，就是只做好事，不做坏事；只讲奉献，不讲索取。这是天之道，也是圣人之道。这是一切真善者、为道者必须始终恪守的思想行为准则。

　　"利而不害"、"为而不争"，是贯穿于《道德经》的一条思想红线，是洋溢于整部《道德经》的崇高精神。正因如此，老子被俄国大作家列夫·托尔斯泰颂为"道德的高峰"；他的《道德经》被我国清代思想家魏源称为"救世书"，被西方学者比喻为"东方的圣经"。美国学者蒲克明预言："当人类隔阂泯除，四海为一家时，《道德经》将是一本家传户颂的书。"可以期待，当人类都学习老子、践行老子的时候，那时的世界必定是一个美好的世界，幸福的世界。

　　2011 年 6 月，潘基文在连任联合国秘书长一职后的就职演说中，引用了老子的"天之道，利而不害；圣人之道，为而不争"这句话。他既是以此自勉，同时也是向世界、向人类倡导老子这种伟大的思想和精神。

《道德经》通译

第一章

道可道，非常道。
名可名，非常名。
无，名天地之始；有，名万物之母。
故常无，欲以观其妙；常有，欲以观其徼。
此两者，同出而异名，同谓之玄。
玄之又玄，众妙之门。

　　我所说的"道"，是可以说清楚、道明白的。但它不是人们日常行走于自然界中的道路，而是宇宙的本体或本原。

　　这个宇宙的本原，我姑且给它起一个叫"道"的名字。但它不是人们日常行走的道路的名字，而是这个宇宙本原的名字。

　　这个既叫"无"又叫"有"的道，是天地之始祖，万物的母亲。道从"无"到"有"的过程，是道创生宇宙和宇宙万物的过程。

　　因此，从这永恒的"无"，我们可以去体察世间万物创生的奥妙；从这永恒的"有"，我们可以去认识世间万物变化所遵循的规律。

　　"常无"和"常有"，虽然名称不同，但它与"无"和"有"一样，都是道的不同称谓。乍听起来，使人觉得它是那样的幽深和神秘。

　　道是那样神秘，而它正是世间那神奇无比的自然万物的由来之处。

第二章

天下皆知美之为美，斯恶已；皆知善之为善，斯不善已。

有无相生，难易相成，长短相形，高下相倾，音声相和，前后相随。

是以圣人处无为之事，行不言之教。

万物作而不为始，生而不有；为而不恃，功成而弗居。

夫唯弗居，是以不去。

当人们知道什么是美，也就知道什么是丑了。当人们知道什么是善，也就知道什么是恶了。

与美丑、善恶这些概念同时在人们的头脑中产生的一样，有与无、难与易、长与短、高与下、音与声、前与后这些概念也是同时在人们的头脑中产生的。这种相反亦相成的正反依存关系，在自然界和社会中是普遍并永恒地存在的。

为了扬善抑恶，存美去丑，圣人自觉地依自然无为的原则施政；并做到以身作则，对人民进行潜移默化的引导。

大道化生了万物，却不把自己看作是它们的母亲，也不把它们据为己有，这正是天道利而不害、为而不争的无私奉献精神。圣人也仿效这种天道精神，做到成就了事业而不恃己能，有了功劳而不据为己有。

　　正是由于圣人不恃能、不居功，他们的功德和名声才得以流芳千古，永世不灭。

第三章

不尚贤，使民不争。不贵难得之货，使民不为盗。不见可欲，使民不乱。

是以圣人之治，虚其心，实其腹，弱其志，强其骨。

常使民无知无欲，使夫智者不敢为也。

为无为，则无不治。

教导世人除去争名逐位的世俗名位之观念，以使他们不深陷官场的争逐。消减他们对贵重财物的贪婪欲望，以使他们不为此去偷盗和抢掠。防止他们滋生乱纪违法之心性，以使他们不去做扰乱社会的事情。

圣人的治国之道就在于：一方面，保障百姓的温饱，增强其体魄；另一方面，净化他们的心灵，消除其竞逐于名利场上的心志。

圣人通过不懈的言教与身教，使人们不生伪诈之心、贪婪之念，并令那些自以为聪明的狡诈之人也不敢随意妄为。

只要坚定地实施清静无为政治，国家就必能走上太平盛世之路。

第四章

道冲，而用之或不盈。
渊兮，似万物之宗。
湛兮，似或存。
吾不知谁之子，象帝之先。

　　道就像一具空间无限的容器，装载着无穷无尽的法宝，天地万物用之不会尽，使之不会竭。
　　道虽是那样的渊深难测，而它却是化生养育宇宙万物的母亲。
　　道是看不见、摸不着的，其形虽隐却确实存在。
　　我虽不晓得道是谁生育出来的，但可以肯定，像天帝这样的神灵被人们所接受和顶礼膜拜之前，它就已经先期存在了。

第五章

天地不仁，以万物为刍狗。
圣人不仁，以百姓为刍狗。
天地之间，其犹橐籥乎？虚而不屈，动而愈出。
多言数穷，不如守中。

　　天地之道，秉持公平、正义的品格。它把自然万物均视作祭坛上的刍狗（祭祀时把刍狗当做祭品供在神台上，并不表示祭祀人对它的爱；祭祀后把它弃之甚至加以践踏，也不表示对它的憎）。

　　圣人也效法天地之道，秉持公平、正义的品格，坚持对百姓一视同仁。

　　天地之道，就像一具空间无限且空空荡荡的大风箱，储藏着使宇宙万物得以化生化育的阴阳之和气，这阴阳之气在一呼一吸之循环运动中不断产生，没有穷尽之期。

　　世人如其对道的公平、正义说些多余的、自讨没趣的赞颂话，不如以实际行动去信守它、奉行它。

第六章

谷神不死，是谓玄牝。
玄牝之门，是谓天地根。
绵绵若存，用之不勤。

道是天地间的生养之神，是永生不灭的。它化生万物犹如神奇的母性生育后代一样。

它神秘得就像母性的生殖器，天地万物皆由此产出。

宇宙万物仿佛置身于这伟大母亲（道）的怀抱中，并从她那里享用到无穷无尽的生命养分，所以能够绵绵不绝地化生和繁衍。

第七章

天长，地久。
天地所以能长且久者，以其不自生，故能长生。
是以圣人后其身而身先，外其身而身存。
非以其无私邪？故能成其私。

天与地长久地存在着。

天地所以能长久地存在，因为它不是为自己而是为天下万物而生。所以能够长久，能够永恒。

圣人把自身的利益置于民众的利益之后，且不在权位名利上与人相争，天下人偏偏拥戴他们为领袖。圣人在维护正义、维护民众利益的事业中牺牲了自己的生命，却永远活在天下人的心中。

这不正是因为圣人不存私心，没有追求留名于世，反而铸就了其光辉而不朽的人生吗？

第八章

上善若水。

水善利万物而不争，处众人之所恶，故几于道。

居善地，心善渊。与善仁，言善信。政善治，事善能，动善时。

夫唯不争，故无尤。

上善的人，具有如水一样的品格。

水虽然一味地润育万物，却不要求得到任何的好处，只把自己栖息在人类所厌恶、所不愿意居住的地方。水的这种品格最接近道的境界。

具有如水品格的圣人，总能像水那样处下不争，也总能保持无私无欲的心境。他们待人以仁爱、处事讲诚信。说到治国，他们必能实行清静无为政治。其合乎时宜的举措不仅事事顺遂，还能得到天下人的拥护。

由于圣人具有水一样的不争之德，因此，不会有因为追逐名利而不得所带来的烦恼，更可避免因在争逐名利中可能招来的灾祸。

第九章

持而盈之，不如其已。
揣而锐之，不可长保。
金玉满堂，莫之能守。
富贵而骄，自遗其咎。
功遂身退，天之道也。

　　端持满满的一盆水而不使它外溢，无论如何小心都是很难做得到的，所以不如少装一些，做到适度而止。

　　为了使利器保持锋利的状态而不断锤击它，是很容易使之崩裂，甚至折断的。

　　黄金美玉积聚得太多时，要想守住它是不容易做得到的。

　　当一个人富贵之后，如果以富傲世，以富凌人，就必然要招致灾祸。

　　一个人功成名就之后，更应谦虚谨慎，提防骄横；更应收敛欲望，淡薄权位名利；更应自律自爱，力戒自贵自见。这样做体现的正是道的品格和精神。

第十章

载营魄抱一，能无离乎？
专气致柔，能如婴儿乎？
涤除玄鉴，能无疵乎？
爱民治国，能无为乎？
天门开阖，能无雌乎？
明白四达，能无知乎？

在日常生活中，能否使自己的魂和魄，即神与形、心与身常常保持无离无间化合为一的状态呢？

在治身修性中，能否做到使自身的气息就像婴儿那样充实柔和，升华到一种无私无欲的状态呢？

在学道修德中，能否把心灵镜面上的污垢清除得干干净净而不留下一丝一毫的私心杂念呢？

在福泽人民的治国中，是否真正践行了清静无为的施政理念呢？

在强身健体的修炼中，是否能保持柔顺安宁、退让不争的心性呢？

经过以上的修炼，修道者身上的各种潜能必能得到激发，智慧之门必然大开，这样一来，世间之事以及其未来发展态势还有什么不可洞察和把握的呢？

第十一章

三十辐共一毂，当其无，有车之用。
埏埴以为器，当其无，有器之用。
凿户牖以为室，当其无，有室之用。
故有之以为利，无之以为用。

　　用三十根辐条连接轴心和轮圈所制成的车轮，轮内那许多形状相仿的空虚部位产生一种作用力，使轮子易于转动，从而使它有了车的功用。

　　通过制作器转动黏土做成的制品，因为它的中间是空虚的，这就使它有了容器的功用。

　　以开凿的方式挖洞造窗开门，因为它的内中既虚空又开阔，也就使它有了房屋的功能。

　　因为有实体部分的依凭，虚空部分便有了使用价值。

第十二章

五色令人目盲；五音令人耳聋；五味令人口爽；驰骋畋猎，令人心发狂；难得之货，令人行妨。

是以圣人为腹不为目，故去彼取此。

缤纷的色彩会使人眼花缭乱。

纷乱烦躁的音调会使人听觉不敏。

太多的美味佳肴会使人的脾胃受损。

纵情狩猎，会使人心态失常。

贵重的货物会使人萌生贪念，并引发不轨的行为。

有道的治国者只需食饱腹、衣暖身的简朴生活，而不追求酒色财气、声色犬马般的奢靡享受。所以他们守持的一定是后者，而抵制的一定是前者。

第十三章

宠辱若惊，贵大患若身。

何谓宠辱若惊？宠为下，得之若惊，失之若惊，是谓宠辱若惊。

何谓贵大患若身？吾所以有大患者，为吾有身。及吾无身，吾有何患？

故贵以身为天下，若可寄天下；爱以身为天下，若可托天下。

得宠与受辱之所以都会使人感到惊恐，是因为他们过于在意自身的荣辱与得失。

为什么说得宠与受辱都会让人感到诚惶诚恐呢？这是因为，宠与辱对每个人的尊严都是一种伤害。受辱固然使人的自尊受损，受宠也不是什么荣光的事，因为施宠者是主人，受宠者则是甘作自贬人格的下人。下人得到主人的宠信自然会受宠若惊，得不到主人的宠信也必然会万分失落，这就是宠辱皆使人惊恐的原因。

该如何理解世人为何如此看重自身的荣辱与得失呢？世人之所以总会被一些荣辱得失之事所困扰，是因为他们有身体，有权位名利等私欲。如果他们把身体看成不是自己所私有，并把自己的一切包括生命都交给社会、交给众人，那还有什么荣辱得失可言呢？

你如果能够像珍惜自身一样珍惜天下，众人就可以放心把天下交给你治理了；如果你能够像珍爱自身一样珍爱天下人，众人就可以放心把天下人托付给你照料了。

第十四章

视之不见，名曰夷；听之不闻，名曰希；搏之不得，名曰微。

此三者不可致诘，故混而为一。

其上不皦，其下不昧，绳绳兮不可名，复归于无物。是谓无状之状，无象之象，是为惚恍。

迎之不见其首，随之不见其后。

执古之道，以御今之有，能知古始，是谓道纪。

对于道，人们无法看到它的形象，也听不见它的声音，更触摸不着它的形体。

夷、希、微，这三者是不能再作区分和深究的，因为它们是混合而成一体的。

道的上方不显得光亮，其下部不显得昏暗。它茫茫泯泯、无边无际，实在无法把它的状态描绘出来，要看它又看不见，要摸它又摸不着，仿佛不存在似的。它是没有任何形体、任何形象的特殊物质，它又是那样的闪烁不定，那样的虚无缥缈。

迎着它，看不见它的头；跟着它，也见不到它的尾。

如果我们运用自古就存在的道，去观察分析当今的社会现象，就能了解宇宙和人类社会始初阶段的状况。为什么能做到这一点呢？因为我们把握住了道的品格与规律，既可以以古知今，也可以以今知古。

第十五章

古之善为道者，微妙玄通，深不可识。夫唯不可识，故强为之容：

豫兮，若冬涉川；犹兮，若畏四邻；俨兮，其若客；涣兮，若冰之将释；敦兮，其若朴；旷兮，其若谷；浑兮，其若浊。

孰能浊之以止，静之徐清？孰能安之以久，动之徐生？保此道者，不欲盈。夫唯不盈，故能蔽而新成。

那些修道有成的人思想深邃，处世通达，难以为常人所认识和理解。因此，对他们只好勉强作如下的形容。

他们小心谨慎，就好像是冬天涉水过河似的。

他们不事张扬，就好像是唯恐邻居受到惊扰似的。

他们恭敬庄重，就好像是宾客在面见主人时似的。

他们和蔼可亲，就好像能散发出如春之温暖以使冰块消融似的。

他们敦厚质朴，就好像未经雕琢的玉石似的。

他们胸怀宽广，就好像容量无限的溪谷似的。

他们与民无间，就好像一泓清泉汇入一江浊水没法分清彼此似的。

谁能在污浊的环境中做到洁身自爱，又能在喧嚣的氛围中保持镇定并做到心静如水呢？谁能在看似了无生气的孤寂环境中长久地守持，并保持旺盛的生命力呢？唯有这些永远进取的修道者。正由于他们永远进取，就算到了年迈之期，也能青春焕发。

第十六章

致虚极，守静笃。万物并作，吾以观其复。夫物芸芸，各复归其根。归根曰静，静曰复命。

复命曰常，知常曰明。不知常，妄作凶。

知常容，容乃公，公乃全，全乃天，天乃道，道乃久，没身不殆。

天下万物，芸芸众生，都是从虚静中来。虚至极点，静至极点之时，万物便竞相萌发。我于是以一颗安静、恬淡的心细细体察这万千生命的复归过程：这万物经过一段枝繁叶茂的生命途程之后，又各自回复到它的根柢——万物的初始阶段。万物归根时叫做清静或虚静，清静到了极点的时候因为有了新的能量，于是生命便复苏，恢复其勃勃生机。

归根后又复苏生命，是万物运动与变化的不变规律。了解并把握住事物的规律，这是明智的表现，因为这可以对事物的性质和发展趋势做出正确的判断和预见，并以此来指导自己的行动，做到立于不败之地。相反，无视规律盲目行动，必会招致灾难和凶险。

善于认识和掌握规律的治国者，遇事就能从容面对并能无偏无执，无偏无执就能公正无私，公正无私就能合理周全，合理周全就能合符自然，合符自然就能与道合真，与道合真就能长治久安，这样终其一生也不会有什么凶险了。

第十七章

太上，不知有之。其次，亲而誉之。其次，畏之。其次，侮之。

信不足焉，有不信焉。

悠兮！其贵言也。

功成事遂，百姓皆谓我自然。

　　以道治国，这是最好的治国方略。君主完全以自然无为的原则施政，与人民相安无事，百姓仿佛感觉不到他们的存在似的。以仁义治国，这是次一等的治国方略。君主不是奉道为至上，而是施百姓以仁义，百姓因感其恩而表示拥戴以至歌功颂德。以礼法治国，这是再次一等的治国方略。礼法维护的是严格森严的等级制度，实行的是严酷的刑罚，百姓自然会对君主产生一种畏惧之情。以伪诈之术治国，这是再再次一等的治国方略。君主把道德、仁义、礼法置于脑后，视百姓为草芥，滥用刑罚，横征暴敛，百姓自然会对君主产生一种憎恨以致反抗之心。

　　君主不能取信于百姓，百姓自然不会信任和拥护他们。

　　如果以平静的恬淡之心去比较君主的成败，历史的得失，自然能认识到：奉道而行，无为而治，实在是治国的至高无上之道理。

　　当百姓有了这一认识之后，一旦国家取得进步和发展时，他们会说，这是以道治国的自然结果。

第十八章

　　大道废，有仁义；六亲不和，有孝慈；国家昏乱，有忠臣。

　　在一个大道流行的自然状态下，仁义是以一种和谐的方式自然融合在大道之中，正如孝慈蕴涵在六亲的和睦中，忠臣蕴涵在国家安泰的情境之中一样，因此无须将这些道德观念和伦理关系特别地加以彰显。但如果大道遭到了废弃，社会的理想状态失衡，以致六亲不和、国家昏乱时，仁义、孝慈和忠臣就显得特别的重要和难能可贵，也就有提倡和彰显的必要了。

第十九章

绝智弃辩，民利百倍；
绝伪弃诈，民复孝慈；
绝巧弃利，盗贼无有。
此三者，以为文不足。故令有所属：见素抱朴，
少私寡欲，绝学无忧。

　　治国者如能抛弃机巧、奸猾的治国之术，百姓就能得到百倍的
好处。
　　治国者如能拒用奸伪狡诈的不正心术，为民树立榜样，民众孝
顺慈爱的天性就能得到恢复和发扬。
　　治国者如能除却巧取之心、豪夺之行，上行下效，盗贼也会失
去滋生的土壤。
　　治国者如只以上述三者作为治国理政的法度、准则，是远远不
够的。因此，还要引导百姓修道建德，使他们心有所属：追求纯洁，
抱持真朴；减损私心，收敛欲望。使他们能抵制一切罪恶的、极端
自私自利的有害学问和知识，以摆脱忧患的困扰。

第二十章

唯之与阿，相去几何？美之与恶，相去何若？人之所畏，不可不畏。

荒兮，其未央哉！

众人熙熙，如享太牢，若春登台。我独泊兮，其未兆。若婴儿之未孩，儽儽兮！若无所归。

众人皆有余，我独若遗。我愚人之心也哉！沌沌兮！

俗人昭昭，我独昏昏；俗人察察，我独闷闷。

众人皆有以，我独顽且鄙。

澹兮！其若海；飂兮！其若无所止。

我独异于人，而贵食母。孔德之容，唯道是从。

受人尊崇与遭人呵斥，两者之间究竟有多大的差距？受人赞美与讨人厌恶，两者之间的差距又究竟有多大？无疑，前者是人们乐意得到的，后者是人们所畏惧的。而我呢，自然也不能例外的了。

喜欢得到尊崇和赞美，害怕受到呵斥与恶厌这种社会文化观念，自古以来就是这样，而且还要延续下去。

众人来到这世界之上，好像是为了纵情狂欢，好像是为了享用丰盛的宴席，也好像是为了在春和景明的日子里登上楼台欣赏美景似的。而我呢，对此却是那样的淡泊，那样的无动于衷。我仿佛还是一个未经哺育长成的婴儿，那样疲倦闲散，简直无法融入到众人中去似的。

众人衣食无忧而且还有剩余，我却是如此的匮乏。我怀抱的是一颗愚笨人的心啊，是那样的浑浑沌沌。

世俗人显得那样精明，我却显得那样愚昧无知；世俗人对世事好像明察秋毫，我却是那样懵懵懂懂。

众人显得那样有作为，我却是那样的如笨如拙。

世界就像大海一样无边无际，世事就像高空吹拂的风一样无止无休。

我与众人之所以不同，是因为我守护着大道，信仰它、遵从它、奉行它。其实，一个大德之人的思想和行为是受他的道行所支配的。

第二十一章

道之为物，唯恍唯惚。惚兮恍兮，其中有象；恍兮惚兮，其中有物；窈兮冥兮，其中有精；窈兮冥兮，其中有信。

自今及古，其名不去，以阅众甫。吾何以知众甫之状哉？以此。

　　道是一种物质。它隐隐约约，似有似无，视之不见，摸之不着。然而，专心研究道的人在进入恍恍惚惚的境界时，可以认知到其中有象、有物、有精、有信。这个"象"是未形成具体的自然物时之象；这个"物"是生成万物的基质；这个"精"是生育万物的纯真精气，是万物内在生命力；这个"信"是一种生命信息。象、物、精、信四者，是道的有机组成部分，是生化万物的原动力。

　　从现今上溯到古代，大道从来没有消失过。我一直靠它来观察万物的起源。我凭什么知道万物始初的状况呢？凭的就是这个道。

第二十二章

曲则全，枉则直，洼则盈，敝则新，少则得，多则惑。是以圣人抱一为天下式。

不自见，故明；不自是，故彰；不自伐，故有功；不自矜，故能长。夫唯不争，故天下莫能与之争。

古之所谓"曲则全"者，岂虚言哉？诚全而归之。

能承受委屈的反而可能得到保全，愿意屈就的反而可能得到施展；低洼之处反而可能首先得到充满，越是敝旧的反而可能最快得到更新；不想多取的反而可能会多得，贪多的反而可能什么也得不到。圣人坚守这些辩证法则，并把它作为天下人所应遵循的思维和行动准则。

不固执己见，方能明判是非；不自以为是，方能有真知灼见；有功而不炫耀，方是真正的功臣；有能而不骄恃，方能立于不败之地。具有不自见、不自是、不自伐、不自矜品德的圣人，尽管不去争当领袖，众人也必然会选择他们。

古代所说的"曲则全"，难道是一句空话吗？其实，在现实生活中我们是完全可以体会得到的。

第二十三章

希言自然。

飘风不终朝，骤雨不终日。孰为此者？天地。天地尚不能久，而况于人乎？

故从事于道者，同于道；德者，同于德；失者，同于失。同于德者，道亦德之；同于失者，道亦失之。

信不足焉，有不信焉。

真理出于自然，合乎自然。

刮风不会终日，骤雨也不会整天。这刮风下雨之事是谁施行的呢？天地。天地所为之事尚且不能持久，何况人为之事呢？

循道行事的人，必能与道化合为一。以德修身的人，亦必能修炼出高尚的德行。相反，不修道建德的人，必定会沦为失道失德之徒。积德能够进道，道随着德的积聚而变得丰盈。所以，德行越高的人，其道行也越高；不修道建德的人，道也自然离他而去。

如果统治者不能奉道修德，不能取信于天下人，天下人自然不会信任他们。他们离失败就不远了。

第二十四章

企者不立，跨者不行。

自见者不明，自是者不彰；自伐者无功，自矜者不长。

其在道也，曰：余食赘形。物或恶之，故有道者不处。

踮起脚后跟站立，是不能持久的；以跳跃的方式行进，是无法长时间坚持的。

固执己见的人，往往会是非不明；自以为是的人，必定难以获得真知灼见；自夸己功的人，大众越不乐意把功劳授给他；自尊自大、恃才傲物的人，只会加速自己的失败。

在有道者看来，自见、自是、自伐、自矜，就像人吞下的过量食物，又如人体上的疥疮、肿瘤那样多余。对这有害而无益的东西，普通人都尚且厌恶，心中有道的人就更应以之为戒了。

第二十五章

有物混成，先天地生。

寂兮寥兮，独立而不改，周行而不殆，可以为天下母。

吾不知其名，强字之曰道。强为之名曰大，大曰逝，逝曰远，远曰反。

故道大，天大，地大，人亦大。域中有四大，而人居其一焉。

人法地，地法天，天法道，道法自然。

由象、物、精、信四者浑然而成的道，先于天地而存在。

它无声无形，不依附任何东西而独立存在，而依固有的规律周而复始、永不停歇地运行。它不停不息地化生万物，因此是宇宙万物的母亲。

我不知道它叫什么名字，于是勉强地称它为"道"。对道的特征，也只好作这样的形容，就是大、逝、远、反。大者，是说它弥漫整个宇宙，眷顾于万物，无处不在，无时不有。逝者，是说它在宇宙中不断地流动，永不停息。远者，是说它的运行是无际无涯，无所不至的。反者，是说它的运行是有往有返，周而复始的。

宇宙之内有四大，这就是道大，天大，地大和人大。而这四大之中，人也位居其一。

在这四者关系中，人以地的法则为法则，地以天的法则为法则，天以道的法则为法则，道则以自然的法则为法则。

第二十六章

重为轻根，静为躁君。
是以君子终日行，不离辎重。
虽有荣观，燕处超然。奈何万乘之主，而以身轻天下？
轻则失根，躁则失君。

厚重的下部是轻浮的上部之根基，清静则是躁动的主宰者。

因此，善为道者，就是在劳累的长途旅行中，也不会轻易抛弃令人感到累赘的食物和行李。

有这样的君主，虽然有着华丽的宫殿，过着安乐舒适的生活，却以身犯道，轻举妄动于天下。他们或者加重对民众的盘剥，或者施行严苛的刑法，或者发动战争。

君主这样的轻浮举动，严重损伤了其赖以生存的根基，即百姓的根本利益。在他们的反抗之下，难免会丢权丧命。

第二十七章

善行者无辙迹，善言者无瑕谪，善数者无筹策，善闭者无关楗而不可启，善结者无绳约而不可解。

是以圣人常善救人，而无弃人；常善救物，而无弃物；是谓袭明。

故善人者，善人之师；不善人者，善人之资。

不贵其师，不爱其资，虽智大迷，是谓要妙。

善于行动的人，其行动无迹可寻；善于言辞的人，其言辞无懈可击；善于计算的人，其计算不用计算工具的帮助；善于关闭的人，其关闭就是不用门栓别人也难以把门打开；善于捆绑的人，其绳索不用打结也牢不可解。

圣人既有博大的爱心，又有以上的"五善"之能。在他们看来，既无不可救药之人，也无没用之物。他们以救人护物为自己的行为准则。他们不会唾弃任何人，也不会糟蹋任何物。大道就如万古之明灯，圣人的以上所为，体现的正是大道的光华和智慧。

修道有成的人足以作为后学者的老师；拒绝奉道修德的不善者，则可作学道人的反面教员。

如果不善于以善为道者为师，又不懂得从不善为道者身上吸取教训，虽然自以为聪明，实际上却是个大糊涂。所以说，"贵其师"、"爱其资"是学道人悟道的诀窍。

第二十八章

知其雄，守其雌。为天下溪，为天下溪。常德不离，复归于婴儿。

知其白，守其黑。为天下式，为天下式。常德不忒，复归于无极。

知其荣，守其辱。为天下谷，为天下谷。常德乃足，复归于朴。

朴散则为器，圣人用之，则为官长。故大制无割。

世俗之人都羡慕雄强，圣人却能甘为雌弱。这样的圣人有如众水所择的蹊径，使天下人欣然追随。他们如果能使自己的真善之德不丢失，就能复归于婴儿般的质朴境界。

世俗之人都喜欢明亮，圣人却能安于暗昧。这样的圣人宛如天下人的楷模，受到天下人的仿效。他们如能使自己的真善之德保持不变，就能复归于如天同高的大道境界。

世俗之人都追求荣耀，圣人却能承受屈辱。这样的圣人如同江流所归的大海，为天下人所归心。他们如能使自己的真善之德日益深厚，就能使自己回复到道的淳朴境界。

道从无名状态演变为有名状态时，便化生出宇宙万物。圣人如能抱持这威力无穷的道，就能成为有益于社会的人，成为领袖人物。总之，奉行大道绝对是有益无害的。

第二十九章

将欲取天下而为之，吾见其不得已。

天下，神器也。不可为也，不可执也；为者败之，执者失之。

故物或行或随，或嘘或吹，或强或羸，或培或堕。是以圣人去甚、去奢、去泰。

没有德行的人为得到天下而胆大妄为，我认为他们是不会得逞的。

天下、国家，是至神至圣的大器物，不是谁想得到就能得到的，也不是谁想主宰就能主宰得了的。为得到它而痴心妄为，不择手段，必定会招致失败；就是侥幸得到了它，如随之倒行逆施，放纵贪欲，祸国殃民，最后也会把它失掉。

宇宙中的万物，无论是先发的，还是后生的；无论是轻吹的暖风，还是骤起的寒流；无论是强壮的，还是瘦弱的；无论是在成长中的，还是在衰败中的，都在遵循一定的规律而运行，不是可任意改变的。

因此，圣人应该戒除那些极端的、奢侈的、过分的思想和行为。

第三十章

以道作人主者，不以兵强于天下。其事好还：师之所处，荆棘生焉；大军之后，必有凶年。

善者，有果而已，勿以取强焉。果而勿骄，果而勿矜，果而勿伐。果而勿得已，果而勿强。

物壮则老，是谓不道。不道早已。

奉道而行的治国者，是不会迷信武力、热衷发动战争来对内施威、对外争霸的。人类会从战争中得到报应和惩罚：因为大军所至，必然会造成荆棘满田园、尸骨遍荒野的悲惨景象；战争结束之后，还必然会引发连绵不断的瘟疫和灾荒之年。

品德高尚的用兵之人，只要一旦取得战争的胜利，达到用兵目的，就会迅速把战事停下，而不会把事态扩大。他们能做到，打了胜仗，不自以为傲，不自恃己能，不自我炫耀。他们还知道，为反侵略而用兵那是不得已的事，取得战争胜利之后是不应该反过来去侵略他国、实施武力称霸的。

万物万事处于最强旺的状态时，就会开始走向衰败。如果我们取得战争的胜利后不及时收手，而是反过来去侵略他国，实施称霸，这是违反道的精神和法则的。违道而行，失败也就是不可避免的事了。

第三十一章

夫兵者，不祥之器。物或恶之，故有道者不处。
君子居则贵左，用兵则贵右。
兵者，不祥之器，非君子之器。不得已而用之，
恬淡为上，勿美也。若美之，是乐杀人也。夫乐杀人
者，不可以得志于天下矣。
吉事尚左，凶事尚右。偏将军居左，上将军居右。
杀人之众，以悲哀泣之；战胜，以丧礼处之。

战争是残物伤生的不祥之事，天下众生无不厌恶它。因此，有
道的治国者是不会轻易使用它的。

有道的治国者对自己的起居衣食之事看得很轻，对战争之事则
看得很重，因此，处置起来格外审慎。

战争是残物伤生的不祥之事，而不是有道的治国者安邦定国的
法宝。战争只有在不得已的情况之下方可使用，因此，须时时对它
保持一种冷漠的态度，绝不能因一时之气而滥用，更不能把它看成
是一件美事。如果把战争看作是美事，这样的人便是以杀人为乐的
屠夫了。崇尚武力、迷信杀戮的政府和个人，最终是要失败的；其
称霸他国的图谋是一定不能得逞的。

无道的将军把战争看作是喜庆之事，心中有道的将军则把战争
看作是凶残之事。

所以，面对惨死在战争中的士兵，有人性、有同情心的参与者应为之悲伤和哭泣；就是取得胜利的一方，也应对他们表示哀悼。

第三十二章

道常无名，朴。
虽小，天下莫能臣。
侯王若能守之，万物将自宾。
天地相合，以降甘露。民莫之令而自均。
始制有名，名亦既有，夫亦将知止；知止可以不殆。
譬道之在天下，犹川谷之于江海。

　　道在很长的时期里是没有属于自己的名字的，且处于一种质朴的状态之中。

　　道虽然那样幽深细微，可普天之下，没有什么力量能操控它，使它臣服于脚下。

　　有道的君主诸侯，如能以一颗虔诚之心循道而行，万物、万民将会如宾客似的对他恭敬有加。

　　天地守道，阴阳之气相合，则不求而甘露自降。君主奉道而行，就是不对百姓施以权力影响，他们也自能和谐地、均平富足地生活。

　　道从原始的静态经过躁动而化生了万物，也就从"无名"的状态而变成"有名"的阶段了。人们对道有所认识之后就应在道所允许的范围内行动，绝不可越过雷池一步。如果把握住大道之度，既无不达也无太过，自然就不会有什么凶险了。

　　川谷之水归之江海，不是江海对它们进行召唤，而是主动来归的。大道与天下万物的关系犹如川谷与江海的关系一样，万物就是没有主动求助于大道，大道都会主动施恩泽于它们。

第三十三章

知人者，智也；自知者，明也；胜人者，有力也；自胜者，强也；知足者，富也；强行者，有志也。

不失其所者，久。

死而不亡者，寿。

能够准确辨识他人之善与非善、能与非能的人，是有智慧的人；能够正确认识自己的优点和缺点的人，是聪明的人；能够努力提升自己的能力和道德境界，以不甘落后于他人的人，是有力量的人；能够自觉克服自身弱点的人，是坚强的人；能够知道满足的人，是最富有的人；能够为真理、为众人的利益而矢志不渝地奋斗的人，是意志坚毅的人。

依天地之道行事、以高尚的道德标准修身的人，是永久立于不败之地的人。

为了正义事业牺牲了生命的人虽死犹生，因为他们的精神是不朽的。

第三十四章

大道泛兮，其可左右。

万物恃之以生而不辞，功成事遂而不名有。

常无欲也，万物归焉而不知为主，可名于小；衣养万物而不为主，可名于大。

是以圣人之能成其大也，以其终不为大，故能成其大。

天地之道涵盖的范围是那样的广阔，对宇宙万物的作用和影响是那样的强大无比。

万物因道才得以化生，为化育万物它做到了不辞辛劳。它虽使万物得以化生，得以育成，却不声称是自己之所为。

由于道没有占有欲，宇宙万物虽皆由它所出，却不知道它就是生养自己的母亲，从而使人觉得它是那样的微不足道；而它生养了万物却不去拥有它、主宰它，又使人觉得它是那样的伟大。

圣人之所以成为圣人，是因为他们自守于小、自守于低，为济世救民终其一生。他们虽不求以伟大而留名于世，却偏偏成了万民敬仰的伟人。

第三十五章

执大象，天下往，往而不害，安平泰。

乐与饵，过客止。道之出口，淡乎其无味。视之不足见，听之不足闻，用之不可既。

以道莅天下，必定诸事顺利，国泰民安。

音乐有妙韵，它会使行人止步，欣赏其韵；食物有美味，它会使行人止步，品味其香。说起这天地之道，你无法嗅出它的味道，无法看见它的形状，也无法听到它的声音，然而它对宇宙万物的影响和作用却是无边无际、无穷无尽的。

第三十六章

　　将欲翕之，必固张之；将欲弱之，必固强之；将欲废之，必固兴之；将欲取之，必固予之。是谓微明。

　　柔弱胜刚强。鱼不可脱于渊，国之利器，不可以示人？

　　先有张开，然后才会有收合；先有强大，然后才会有削弱；先有兴举，然后才会有废弃；先有给予，然后才会有获取。这个道理好像十分深奥，实际上却是很浅显明白的。

　　道显得那样的虚无柔弱，但它的力量却强大到足以支配世间的一切。天下万物与道，好比鱼与水的关系一样，鱼尚且不可须臾离开水，人类又岂可须臾违背天地之道呢？能否以道治国，这是国家兴衰的根本所在，这个道理，我们为什么不能清楚地告诉国人呢？

第三十七章

道常无为，而无不为。

侯王若能守之，万物将自化。化而欲作，吾将镇之无名之朴。

无名之朴，夫亦将无欲。不欲以静，天下将自正。

天地之道从来就没有刻意要做些什么，而其作用却无所不在。万民万物有赖于它才得以化生，也有赖于它才得以存在和发展。

侯王如能信守它，遵循它，万民万物将能正常化育、自然发展。如果侯王不能善始善终，以致私欲复萌，胡作非为，我们就应引导他，甚至强制他向着道的真朴本性回归。

信守道的品格与精神，侯王就能去除私欲与妄念。侯王只有在没有私欲与妄念，或者少私寡欲的道德境界之下，才有资格、才有可能更好地践行清静无为。清静无为的施行，也就必能使天下走上安平富足之路。

第三十八章

上德不德，是以有德；下德不失德，是以无德。

上德无为，而无以为；下德为之，而有以为。上仁为之，而无以为；上义为之，而有以为。上礼为之，而莫之应，则攘臂而扔之。

故失道而后德，失德而后仁，失仁而后义，失义而后礼。

夫礼者，忠信之薄，而乱之首。

前识者，道之华，而愚之始。

是以大丈夫处其厚，不居其薄；处其实，不居其华。故去彼取此。

上德的人，虽有很高的德行，却不以有德自恃，这才是真正的有德。下德的人，尽管德行并不高，却以有德者自居，这是无德的表现。

品德高尚的治国者施行无为政治，不为私利，而只为施益于社会和人民。无德的统治者在施政上强作妄为，只为满足个人的欲望。仁爱之士博施仁爱，但不求受施者报之以恩。侠义者做侠义之事，是为了获得侠义者的美名。崇尚礼的人，认为礼是人们应遵循的社会法典，因此不惜运用各种强力手段去强制人们服从。

由于社会偏离了道，才有提倡德的必要。当人类的自然天性进一步丧失时，仁、义、礼就会相继出现、登台上场了。

由于这时的礼，已失去了仁义忠信的精神实质，礼的施行也就潜藏着祸乱的种子了。

那些自以为有先见之明的人极力倡导义和礼，甚至认为自己这样做是掌握了道的精髓。其实，他们真算得上是愚昧者的始祖。

所以，以慈心济世为己任的大丈夫坚定奉行的是根基深厚的道与德，而不是底子浅薄的义与礼；乐于守持淳厚素朴而不是追逐浅薄奢华。总之，得道之人是一定会奉行、守持前者而鄙弃后者的。

第三十九章

　　昔之得一者：天得一以清，地得一以宁，神得一以灵，万物得一以生，侯王得一以为天下正。

　　其致之，天无以清，将恐裂；地无以宁，将恐废；神无以灵，将恐歇；万物无以生，将恐灭；侯王无以正，将恐蹶。

　　故贵以贱为本，高必以下为基。是以侯王自谓孤寡不谷。此非以贱为本耶？非乎？

　　故至誉无誉。是故不欲琭琭如玉，而珞珞如石。

　　因为守道，天因此得以清明，地因此得以安宁，神因此得以灵验，众生因此得以生存和繁衍，侯王因此得以使天下太平。

　　推而论之，如果失道，天因之失去清明，恐怕会发生崩裂。地因之失去安宁，恐怕会发生塌陷；神因之而失去灵验，恐怕从此无事可做；万民万物因之失去繁衍的能力，恐怕会从此走向消亡；侯王因之背弃清静无为，恐怕会使其权位受到颠覆。

　　卑微的大众，是侯王这些尊贵者的生存之本，也是他们安身立命的根基。侯王之所以把自己视为无力自养的如孤如寡的凡人，正是因为他们懂得卑微的大众才是他们的衣食父母，这样说难道会错吗？

　　一个人如果要追逐至高无上的名誉和地位，往往只会适得其反。

因此有道的侯王不会把自己看作是美玉般的华贵者，而只会自视为质朴坚实的石头那样平凡。

第四十章

天下万物生于有，生于无。
反者，道之动。弱者，道之用。

    处于虚空状态时的道演变成混沌状态时的道之后，便创生了宇宙和宇宙万物。

    宇宙万物向它的相反方面转化，这是道的运动本性和法则。任何事物都不可能逃避消亡的最终结局，但人类可以把它调整到柔弱、初生、向上的状态之上，以延续其衰败的进程。因此说，守持柔弱，是对道的这一客观法则的妙用。

道德经通译

第四十一章

上士闻道，勤而行之。中士闻道，若存若亡。下士闻道，大笑之；不笑，不足以为道。

故建言有之曰：

明道若昧，进道若退，夷道若纇。

上德若谷，广德若不足，建德若偷，大白若辱，质真若渝。

大方无隅，大器免成，大音希声，大象无形。

道隐无名。夫唯道，善贷且成。

忘名利的人对于道，不仅努力去学习和探索，而且忠实地加以奉行。求名利的人对于道，采取半信半疑的态度，虽有时奉行，却往往半途而废。好名利的人对于道，不学习也不奉行，甚至把它视为谬误而予以抨击和嘲笑；不过，若他们不予嘲笑，倒不足以显示道的崇高与伟大了。

所以古之圣人曾有这样的说法：

悟道越深的人，越会仿似愚笨；修道越有所成的人，越会谦让不争；对道越能驾驭的人，在为人处事上越会格外谨慎。

越是品德崇高的人，越虚怀若谷；越是广施功德的人，越感到自己做得还不够多；越是努力修善建德的人，越不事张扬；越是清白的人，越能承受屈辱；越是质朴纯真的人，越能为众人蒙受污垢。

大道弥漫于整个宇宙，无处不在；大道就像一个大到无边无际的大器具，但它不是神也不是人之所造，而是自然天成的；大道的声音是最洪亮的，但只有得道者才能"听得着"；大道的形象是最宏大的，但只有得道者才能"看得到"。

　　道施惠于万民万物之时，是不声不响、不留痕迹的。正是大道的这种默默施予，才使宇宙万物得以正常化生和长成。

第四十二章

道生一,一生二,二生三,三生万物。
万物负阴而抱阳,冲气以为和。

　　道化生了处于阴阳未分状态的太极,太极化生了阴阳两仪,阴阳相合而成和谐的精气,在此种和谐统一的气化状态中,宇宙万物得以化生。

　　由于阴阳两气相互激荡、融合而生成一种和气,使万物得以化生,这样万物也就都蕴含有阴阳二气了。

第四十三章

　　人之所恶，唯孤寡不谷，而侯王以此为自称也。物或损之而益，或益之而损。

　　故人之所教，亦议而教人："强梁者不得其死！"吾将以为教父。

　　天下之至柔，驰骋天下之至坚。出于无有，入于无间，吾是以知无为之有益也。

　　不言之教，无为之益，天下希能及之矣。

　　最令世人厌恶的是无力自养的孤寡者，然而心中有道的侯王却以此来称呼自己。他们还懂得，愿作自我付出的，反而可能获得更多；总想多获取的，反而可能失去越多。

　　前人用这样的道理教导我，我也这样去教人："不从道教化的恃强凌弱者必定不得好死"。我要把它奉为信条，并以此作为教育人的准则。

　　道显得那样的柔弱，但它的力量却强大到足以支配世间的一切。道那样虚无，却无处不在。道虽然没有它的目的性，却无时无刻不在施益于万民万物。

　　道不会用语言教化世人，却以实际行动对人类奉献一切。可惜的是，不是很多人都能了解道的这种作为，更不知以它为榜样了。

第四十四章

名与身孰亲？货与身孰多？得与亡孰病？
甚爱必大费，多藏必厚亡。
知足不辱，知止不殆，可以长久。

对一个人来说，名气与生命相比，哪一方面更值得珍惜？钱财与生命相比，哪一方面更为重要呢？为了得到名气与钱财而搭上性命，不是很可怜、很愚蠢吗？

过分追求自己所喜爱的东西，必然要为此付出沉重的代价，聚敛得越多，下场可能会越悲惨。

因此，乐于知足，就不会自取其辱，自取其伤。凡事做到适可而止，就不容易招致凶险与危难，这才是长久的平安之道啊！

第四十五章

大成若缺，其用不弊。大盈若冲，其用不穷。
大直若屈，大巧若拙，大赢若绌，大辩若讷。
躁胜寒，静胜热，清静为天下正。

有大成就的人仍会存有缺点，如能有此认识并对它保持警惕，
必能无往而不胜。德行再深厚的人仍会有不足之处，如能有此认识
并继续保持谦虚的情怀，必能受益无穷。

真正的刚直之士，更有承受委屈的能力；非常精明的人也会有
笨拙的举措；非常富有的人也会表现出朴素、节俭的一面；雄辩的人，
也会给人一种仿佛不善言辞的感觉。

阳之躁能胜阴之寒，阴之静能胜阳之热。治国济民如同治病的
道理一样，清静无为乃是治理天下的正道。

第四十六章

天下有道，却走马以粪。
天下无道，戎马生于郊。
罪莫大于多欲，祸莫大于不知足，咎莫大于欲得。
故知足之足，常足矣。

治国者如能少私寡欲，实施清静无为政治，必会令社会安定，人民乐业，战马也得以退役为农民拉粪耕田。

治国者如果骄奢淫逸，贪得无厌，不顾百姓死活，百姓在走投无路的情况下，必然会揭竿而起。战争一旦爆发，就连那怀胎的母马也要征调战场，以致把马驹生在郊野的战场之上。

贪欲，是罪恶之源；不知自足，是祸患的发端。一旦把贪欲变成行动，灾祸就会随之而降。

知足才能满足，而且要永久地知足，这才是世人尤其是治国者免除祸患的根本办法。

第四十七章

不出户，可知天下；不窥牖，可见天道。

其出弥远，其知弥少。

是以圣人不行而知，不见而明，不为而成。

圣人虽足不出户，但能知天下事。他们虽眼不望窗外，却能了解自然、社会的运行情况。

世俗之人实践的是非理性的"直觉主义"的认识观，虽注重亲见亲行，却不能分清事物的现象与本质，进而掌握其发展规律和趋势。所以他们走的路越远，看到和听到的事越多，所获得的真知反而越少。

圣人实践的是理性的认识观，注重分清事物的现象与本质，进而掌握其变化发展规律。所以他们能够做到不行而见，不见而知，虽不刻意去求得对事物的真知灼见，却在不经意之中做到了。

第四十八章

为学日益，为道日损。损之又损，以至于无为。无为而无不为。

取于天下，常以无事。及其有事，不足以取天下。

从事一般性的学习，是为了不断地增长知识和技能，而从事学道和修道，则要进行去除私心杂念的自我改造。这种纯洁和美化心灵的改造不是一次完成的，只有不断地扶正祛邪才能使自己达到无私欲、无妄念的无为境界。有了这样的境界，才有资格去践行清静无为政治，并使国家走上安平富足之路。

有的治国者，之所以得到天下人的信任和爱戴，是因为他们只做有利于百姓而不做损害百姓的事情。如果治国者反其道而行之，则必然会失去天下人的敬重和信任，并受到他们的唾弃。

第四十九章

圣人常无心，以百姓之心为心。
善者，吾善之；不善者，吾亦善之。德善也。
信者，吾信之；不信者，吾亦信之。德信也。
圣人之在天下也，歙歙焉为天下浑其心。
百姓皆注其耳目焉，圣人皆孩之。

　　有道的治国者不应以自己的意志、自己的欲望作为施政的出发点，而应以百姓的意志、百姓的利益作为施政的最高准则。
　　对于善良的人，圣人应该善待他们。对于那些不够善良的人，圣人也应善待他们。引导他们向善为善，使他们同归于善。
　　对于诚实且讲信用的人，圣人以诚信对待他们；对于不诚实、不守信用的人，圣人也以诚信对待他们。引导他们奉行诚信，成为一个诚信的人。
　　治理天下的圣人，应努力收敛自己的欲望，做到为天下百姓而保持一颗清纯洁净的心。
　　对治国者，老百姓应注意听其言观其行，对他们实行监督；对于百姓，治国者则应像抚育婴儿那样小心地予以呵护。

第五十章

出生，入死。

生之徒，十有三；死之徒，十有三；而人之生生，动之于死地，亦十有三。

夫何故也？以其生生之厚也。

盖闻善摄生者，陵行不避兕虎，入军不被甲兵；兕无所投其角，虎无所措其爪，兵无所容其刃。

夫何故也？以其无死地焉。

一个人从母体中生出来，他的生命便开始了；一个人在自然界中消失，他的生命也便终结了。

有的人，不求精美之食，不涉不法之行，这种以自然的养生之道对待生命的"生之徒"，在十个人之中约占三个。有的人，对诱人的名位孜孜以求，对丰厚之衣食汲汲以逐，这种以奉养过度的方针对待生命的"死之徒"，在十个人之中也约占三个。有的人，为求长生不老，背离正常的养生途径，热衷旁门左道，热衷炼丹服丹，这种由于过分珍惜生命反而加速其死亡的，在十个人之中亦约占三个。

渴望长生反而短命的原因何在？这是他们违背了自然法则，对生命过分珍惜、过度奉养所致。

但凡善于把握自己生命、能够将生命的信息调节到与犀牛、老虎等野兽同步的人，行走于山岭之间不用回避雌性犀牛和凶猛的老虎，进入军阵而不用披带坚甲和利器。因为犀牛不会用角攻击他，老虎不会用爪去伤害他，敌军士卒在惊惶失措之中也不会举起利刃杀死他。

　　为什么会这样的呢？这是由于他们有一种不惧死的精神和本领。正是这种精神和本领，把野兽和敌军震慑住了。

第五十一章

道生之，德畜之；物形之，势成之。是以万物莫不尊道而贵德。

道之尊，德之贵，夫莫之命而常自然。

故道生之，德畜之。长之育之，亭之毒之，养之覆之。

生而不有，为而不恃，长而不宰，是谓玄德。

见小曰明，守柔曰强。

道是宇宙万物得以化生的原动力，道之德是使天下万物呈现丰富多彩的种属和个性的施为者；当万物有了各自的形态之后，它的长成、衰亡的发展趋势便形成了。所以万物莫不尊崇道和崇敬德的。

道所以受万物尊崇，道之德所以被万物崇敬，是因为道和道之德从来不对它们发号施令，而是永远以一种自然而然的态度对待它们。

道与道之德化生了万物，使它们发育长大，使它们成形成熟，并给其整个生长过程以抚养和庇护。

道化生了万物而不据为己有，施作用于万物而不恃为己功，成就了万物而不自为其主宰，这正是道的深沉而悠远的美德。

所以说，能把自己看作是弱小卑微的人，是真正的聪明人；能以柔弱的姿态示于人前的人，则是真正的强者。

第五十二章

天下有始，以为天下母。既得其母，以知其子；既知其子，复守其母，没身不殆。

塞其兑，闭其门，终身不勤。开其兑，济其事，终身不救。

用其光，复归其明，无遗身殃，是谓袭常。

道是天地的始祖，万物的母亲。既然知道万物的母亲是道，自然也就知道天下万物是道的孩子了；既然知道天地万物都是道的孩子，只要回过头来守护住他们的母亲，坚定地循道而行，那就可保这些孩子们（万物）终身平安了。

塞住其身上嗜欲的孔窍，关闭住其身上嗜欲的门户，使私欲妄念不得进入。如此，其终身也就不会有什么烦恼凶险的事了。若是反其道而行之，开放身上嗜欲的孔窍，任其为达求名争利的目的而不择手段、不遗余力，其死期很快就会到了。

如果借助道的光芒，回头去观察、审视已走过的人生之路，就算过去做错了事、走错了路，只要能回归到道所指引的康庄之路上，并坚定地走下去，就不会再有什么灾难和祸殃的了。这样做，遵循的正是道的法则、道的精神。

第五十三章

使我介然有知，行于大道，唯施是畏。

大道甚夷，而人好径。

朝甚除，田甚芜，仓甚虚，服文彩，带利剑，厌饮食，财货有余，是谓盗夸。

盗夸，非道哉！

　　假使我对道已有所了解，就一定会坚定地在这条大道上走下去，而不会有丝毫偏离。

　　大道十分平直而坦荡，小路则崎岖凶险。有的侯王却总是不走正道而热衷于走邪路。

　　他们为了自己的享乐，把宫殿修建得富丽堂皇，由于民力财力耗费过大，以致天下田园荒芜，粮仓空虚，百姓更是难以度日。而侯王、公卿们仍过着豪奢的生活。他们身穿华美的衣服，以炫耀其富有与高贵；他们佩戴利剑，以示其尊贵与威严；他们拥有用之不尽的财物；说到吃的，要不是精美之食，他们根本不屑一顾。他们是名副其实的强盗头子。

　　他们这种剥夺人民的强盗行径，是完全违背大道精神的啊！

第五十四章

善建者不拔，善抱者不脱，子孙以祭祀不辍。

修之于身，其德乃真。修之于家，其德乃余。修之于乡，其德乃长。修之于邦，其德乃丰。修之于天下，其德乃普。

故以身观身，以家观家，以乡观乡，以邦观邦，以天下观天下。吾何以知天下之然哉？以此。

诚心建德的人是不会受外力的干扰而中途动摇的，一心修道的人也不会因世俗观念的影响而半途而废的。"得道者昌，失道者亡"，修道建德之家必定喜庆相随，子孙延绵，以至香火不绝。

去私欲除妄念，从我做起，这是修道建德的真谛。修道者把它扩展到全家，必能德化家人，使之形成道德传家的良好家风。再把它扩展到全乡，必能德化乡人，使之培育起淳朴的乡风民情。又把它扩展到全邦，必能德化邦人，使之形成良好的社会风尚。进而把它扩展到天下，必能德化天下之人，使之出现升平祥和的社会气象。

这样，我们就可以从一个人的德行看到其他人的德行，从一个家的家风看到其他家的家风，从一个乡的风情看到其他乡的风情，从一个邦的风尚看到其他邦的风尚，从一个国家的气象看到全天下的气象。我身居于一个地方又如何能知天下风尚的情势呢？原因就如我前面所说的。

第五十五章

含德之厚，比于赤子。毒虫不螫，猛兽不据，攫鸟不搏。骨弱筋柔而握固，未知牝牡之合而朘作，终日号而不哑，精之至也，和之至也。

知和曰常，知常曰明。益生曰祥，心使气曰强。物壮则老，谓之不道，不道早已。

品德淳厚的得道之人，就像无私无欲的初生婴儿。这些婴儿因为有母亲的庇护，所以，毒虫不能螫伤他，猛兽不能伤害他，凶鸟也不能扑击他。他们虽然柔弱，却能把拳头握得紧紧的；他们虽不懂得男女的交合之事，那小小的生殖器却常常有力地勃起；他们虽经常地号哭不停，其声音却不会沙哑。因为他们是阴阳两种精气高度融合的初生体，具有强旺的生命力。

中和、和谐，是自然、社会，也是生命的真谛。只有真正认识到这"和"的精髓，才能以一种正确的顺乎自然的态度看待生命。为求强壮、长生而过度奉养，这是自找祸咎。任性使气者往往会变成恃强凌弱之徒。事物过于强旺，就会走向衰老和衰败。不遵循"和气"之道，自然是背离大道之为。背离大道法则的物与事，只能是未老先衰、未成先败了。

第五十六章

知者不言，言者不知。

塞其兑，闭其门；挫其锐，解其纷；和其光，同其尘。是谓玄同。

故不可得而亲，亦不可得而疏；不可得而利，亦不可得而害；不可得而贵，亦不可得而贱。故为天下贵。

大道的真知真传者重修行而不重言说；喜欢对大道妄发议论的，则多是一知半解之人。

塞住他身上嗜欲的孔窍，关闭住他身上嗜欲的门户，使其心志不外驰，外在诱惑不能入；挫其争强好胜的心性，解脱其因欲望引发的俗世纷争，使之超凡脱俗、一心向善；让他混入尘俗并融和其光芒，使之涉俗流而不污，在世而超世，入世而济世。做到以上者，就能进入与天同高的大道境界。

面对亲人，他们不会给予特别的亲近与关照；面对非亲非故的人，他们不会待之疏远与冷漠。面对利禄，他们不会孜孜以求；面对凶险，他们不会避而远之。面对高贵的人，他们不会奉承与献媚；面对卑贱的人，他们不会予以轻蔑与作贱。有了如此境界的人，便是天下人所推崇的至尊至贵的人了。

第五十七章

以正治国，以奇用兵，以无事取天下。吾何以知其然哉？以此。

天下多忌讳，而民弥贫；民多利器，而国滋昏；民多伎巧，而邪事滋起；法令滋彰，而盗贼多有。

故圣人云：我无为而民自化，我好静而民自正，我无事而民自富，我无欲而民自朴。

以清静无为的方略治国，以出奇制胜的计策指挥军队守疆护土，以不扰民、不伤民的施政取得天下人的信任，天下一定太平，百姓一定富足。我何以知道世情是这样的呢？依据的正是道化天下这个道理。

相反，统治者的政令过多过苛，就会妨碍人民的生产积极性，使他们越发贫穷；民众的权谋智术越多，国家就越混乱；民众的奸邪伪诈之术越高超，邪恶之事就会频繁发生；统治者为了个人的享受，使用一道道的法令对民众进行剥夺，人民无法生存就必然会沦为盗贼。

所以有道的治国者都懂得，只要奉行清静无为政治，做到对民不施搅扰之政，不举严酷之法，不播重苛之税，而让百姓自我做主，自我发展，自我完善，这样百姓自能安平富足，民风自能淳厚素朴，社会自能和谐稳定。

第五十八章

其政闷闷，其民醇醇。其政察察，其民缺缺。

祸兮，福之所倚；福兮，祸之所伏。孰知其极？其无正也。正复为奇，善复为妖。人之迷，其日固久。

是以圣人方而不割，廉而不刿，直而不肆，光而不耀。

圣人治国，厚道宽容，不出苛政以治民，唯知修道以自省，如此一来，纯真、质朴、敦厚的民风自然会得到培育和发扬。暴君治国，苛政频出，横征暴敛，则必然会导致狡诈刁恶、不仁不义的恶劣民风的滋长和蔓延。

祸患的事件中倚伏着幸福的种子，幸福的事件中潜伏着祸患的根苗。那么，祸与福是怎样转化的呢？它们之间存在着一个界限，一旦超过这个界限祸就会转化为福，福就会转化为祸。这叫做物极必反。因此，世间事是不会一成不变的，正常的会幻变为怪异的，美善的会转化为丑恶的。这是一个很普通的道理，长久以来，却有许多人对它感到迷惑不解。

为了防止为民之政演变为害民之政，有道的治国者应努力做到：秉持公平公正，而不去伤人害事；自守清廉，而不去侵害百姓的利益；保持率真，而不放肆妄为；心中虽充满光芒，而不炫耀于人。

第五十九章

治人事天，莫若啬。

夫唯啬，是谓早服。早服谓之重积德。重积德则无不克，无不克则莫知其极。莫知其极，可以有国。有国之母，可以长久。

是谓深根固柢，长生久视之道。

治国者修身建德，管理国事，就好像农夫耕种过日子的道理一样。

怎样才算得上是个好农夫呢？一个好农夫必定注重及早备耕、及时播种和耕耘，及时收获并做好收藏。对于一个有志于治理国家的人来说，那就应立志尽早潜心修道。只有尽早修道，才能使道行日益深厚。道行日益深厚了，就能无往而不克。从这无往而不克之中，你就能认识到道的功用之无穷。当你知道道的功用是那样广大无边、那样深不可测，于是就能明白道在国家在、道亡国家亡的道理。道是国家的母亲，有道守护着，天下就可长治久安了。

所以说，信奉大道、以道治国，是使国家根深蒂固、长生长存的根本道理。

第六十章

治大国，若烹小鲜。

以道莅天下，其鬼不神。非其鬼不神，其神不伤人。
非其神不伤人，圣人亦不伤人。

夫两不相伤，故德交归焉。

煎煮小鱼时，如果火候过了会把它煎糊，如果翻动过多会令它
烂在锅里。治理国家的道理如同烹小鱼一样，既不能给老百姓过多
的干扰，更不能给他们以伤害，所以必须小心谨慎。

那么，治国有什么好法宝吗？这个法宝就是道。实行以道治国，
以道莅天下，施无为之政，必能使天下太平，物阜民丰，世风日上。
在这样的情形下，祸患也就无从降临人间。假使世间有鬼神存在，
它们也会失去害人的功力，就是想为害世人，也无法施展其技。至
于有道的统治者，在以道治国之中，只会给百姓带来好处、带来福祉，
而不会带来伤害。

鬼神对世人，治国者对百姓之所以不相加害，这是道之德、圣
人之德共同发挥作用的结果。

第六十一章

大国者，下流也。天下之牝，天下之交也。牝常以静胜牡，以静为下。

大国以下小国，则取小国；小国以下大国，则取于大国。故或下以取，或下而取。

故大国者，不过欲兼畜人；小国者，不过欲入事人。

夫两者各得其欲，故大者宜为下。

大国与小国犹如江海与百川的关系一样，江海所以得百川来归，是因为它甘居下处；大国所以得到小国的尊崇，是因为它能以谦逊卑下自处。天下因为有雌性和雄性，所以才有阴阳交合之事。雌性好静，雄性好动，所以交合时雌性常处于下方。

大国以谦逊的姿态对待小国，自然会得到小国的信赖；小国以谦逊的姿态对待大国，也必能得到大国的包容。因此，或因谦逊而取得信赖，或因谦逊而被包容。

大国不要老是想着去兼并小国，小国也不应过分地顺从和依赖大国，而应平等相待、互相扶持、和谐共处。

这样，大国与小国便能各得其所，由于大国处于主导地位，因此更应以谦下、礼让的姿态对待小国。

第六十二章

道者，万物之奥。善人之宝，不善人之所保。

美言可以市尊，美行可以加人。人之不善，何弃之有？

故立天子，置三公，虽有拱璧以先驷马，不如坐进此道。

古之所以贵此道者何也？不曰：求以得，有罪以免耶？故为天下贵。

道是宇宙万物的庇护者。它是良善者的无上珍宝；不够良善的人虽不会把它视为珍宝，却也在不知不觉中得到了它的护佑与施益。

能体现道精神的美好言词，能得到人们的珍惜与接纳，并受到它的教化；善为道者的美行对人们则会起到不言而教的感化作用。因此，对于那些德行不好的人，我们不应该唾弃，而应该用道的精神去教化影响他们，使他们改过迁善，同化于道。

天子登基、三公就任时，与其去参加接受玉器和马匹的献赠之礼，不如让他们安坐家中，诚心诚意地修道建德。

古人为什么把学道修道看作头等大事呢？这不正如人们所常说的：修道能使善良的人德行日进，也能使有过失的人通过悔过自新消除罪咎吗？所以，道是天下最珍贵的。

第六十三章

为无为，事无事，味无味。

大小、多少，报怨以德。

图难于其易，为大于其细。天下难事，必作于易；天下大事，必作于细。是以圣人终不为大，故能成其大。

夫轻诺必寡信，多易必多难。是以圣人犹难之，故终无难。

圣人只会秉持无私、为民的宗旨并依自然法则而为，而不会私心妄为。圣人只做有利于百姓的事，而不会做损害百姓的事。圣人只求衣能蔽体、食能饱腹的平淡生活，而不会追求奢侈的物质享受。

矛盾、怨恨是由小而大、由少而多地发展积累起来的。因此，人们应当努力地把它扑灭于萌芽的状态之中。一旦怨恨不幸形成，也应以德相报，用德去化解。

从事艰难的事业，首先应着眼于它的容易处；成就伟大的事业，首先应着眼于它的细微处。也就是说，天下间的难事，必须从最容易处着手；天下间的大事，必须从细微处做起。虽然圣人从不认为自己做的是大事，却因而成就了大业。

轻易做出许诺的人，往往因无法兑现而失信于人；把事情看得过于容易的人做起事来往往力不从心，困难重重。至于圣人，则格外地重视困难，所以就没有什么困难不可克服的了。

第六十四章

　　其安易持，其未兆易谋。其脆易判，其微易散。为之于其未有，治之于其未乱。

　　合抱之木，生于毫末；九层之台，起于累土；千里之行，始于足下。

　　为者败之，执者失之。是以圣人无为故无败，无执故无失。

　　民之从事，常于几成而败之。故慎终如始，则无败事矣。

　　是以圣人欲不欲，不贵难得之货；学不学，复众人之所过。以辅万物之自然，而不敢为也。

　　事物处于相对稳定的状态时最能持久，其乱象初发时最容易找出原因和发展趋势。其征象脆弱之时最容易找到消除的办法，其乱象处于细微之时最容易清除。因此，我们应当做到见微知著，在其未酿成祸乱时及早予以化解。

　　合抱的大树是由毫末般的芽苗逐渐长大而成的；九层的高台是由一块块的土石堆积起来的；千里的行程是从脚下的第一步开始的。

　　强作妄为和固执己见的人行事必然会招致失败。圣人由于不强作妄为，又不固执己见，也就不易发生失败的事了。

　　世俗之人做事由于不能善始善终，往往会在事情接近成功的时候遭到失败。所以我们做事必须做到慎始慎终，这样就会少有失败的事了。

　　所以圣人不会把世俗人的欲望当做自己的欲望，不会像世俗人那样去贪求那贵重难得的钱物；不会去沾染世俗人身上的不良习气，重犯世俗人犯过的过错。他们只会按合乎自然的原则行事，而不会去强作妄为。

第六十五章

古之善为道者，非以明民，将以愚之也。

民之难治，以其智多也。故以智治国，国之贼也；不以智治国，国之福也。

知此两者，亦稽式也。常知稽式，是谓玄德。玄德深矣，远矣，与物反矣，然后乃至大顺。

古代那些修道有成的人，不是教导百姓去学习和掌握机巧伪诈之术，而是引导他们返璞归真，变得更加敦厚淳朴。

老百姓之所以难于治理，是因为他们沾染了机巧伪诈的恶习。如果统治者以机巧伪诈之术治国，只会刺激和助长老百姓身上的这种恶习，这样的统治者无疑是祸害国家的贼子。如果统治者能不采用机巧伪诈之术治国，实在是国之幸、民之福。

如果治国者常能记住上述两个方面的道理，也就把握住了修身治国的要旨；如常能记住这一要旨，并忠实地付诸行动，也就算得上具有与天同高的美德了。玄德是远古先人留传下来的美德，要修成这种美德就必须进行返璞归真的修炼。治国者具备了这种美德，民情民风必能好转，国家必能康泰祥和。

第六十六章

江海所以能为百谷王者，以其善下之，故能为百谷王。

是以圣人欲上民，必以言下之；欲先民，必以身后之。是以圣人处上而民不重，处前而民不害。是以天下乐推而不厌。

以其不争，故天下莫能与之争。

江海能为百水所归，是因为它甘居低处，所以能成为百谷之王。

圣人要想成为百姓的领袖，其心应愈加谦虚，其言应愈加谦逊。圣人要想成为百姓的领头人，就应把自己的利益置于百姓的利益之后。这样，圣人虽身居高位，而百姓不会感到受压迫；圣人虽在前头发号施令，而百姓不会感到受伤害。对这样的圣人，天下人只有拥戴之心，而无厌恶之情。

这样的圣人尽管不去争当领袖，而百姓偏偏选择他们，这样，普天之下就没有人能与之相争了。

第六十七章

天下皆谓我大，大而不肖。夫唯大，故不肖。若肖，久矣，其细也夫！

我恒有三宝，持而宝之：一曰慈，二曰俭，三曰不敢为天下先。

夫慈，故能勇；俭，故能广；不敢为天下先，故能成器长。

今舍其慈且勇，舍其俭且广，舍其后且先，则必死矣。

夫慈，以战则胜，以守则固。

天将建之，若以慈垣之。

天下人都说我大，大到没有形物可以比拟。因为我大到无边无际，所以没有任何形物可以与我相比。如果可以相比，我从开始时便应是个可量可度的具体形物而不是道了。

我之所以伟大，是因为我永久地拥有三件法宝，并无限地珍爱它、尊崇它。第一件叫慈；第二件叫俭；第三件叫不敢为天下先。

所谓"慈"，就是慈爱、慈悲、慈善，对万民万物有一种慈爱、慈悲、慈善之心。它可激发出庇护万民万物的惊人勇敢和力量。所谓"俭"，就是勤俭、节俭、俭朴，爱惜天下之物，使奢侈之风不长，从而使天下万物得以自然繁衍。所谓"不敢为天下先"，就是在权位名利面前，永不与人相争。拥有三宝的人，品德高尚受人爱戴，所以能成为领袖人物。

相反，如果抛弃了慈爱，而热衷于好勇斗狠；如果拒行俭约，而纵欲挥霍；如果在权位名利面前放弃不与人相争的原则，而是争先恐后去争夺，这样就只有死路一条了。

慈爱，是三宝之首，把爱激发出的勇敢和力量用于对付暴虐之敌，必然万众一心，其战必胜；把它用于守土为民，必然众志成城，其守必固。

上天要造就某个人，就应该让他首先培育出一颗慈爱之心、一腔慈悲之情。

第六十八章

善为士者，不武；善战者，不怒；善胜敌者，不与；善用人者，为之下。是谓不争之德，是谓用人之力。是谓配天之极。

善于统兵的主帅，不崇尚武勇；善于指挥作战的将军，不容易被敌方的激将法所激怒；善于克敌制胜的领兵者，不轻易以所率之兵与敌军短兵相接；善于用人的领导者，也总能礼贤下士。这就算得上是一种不争之德，它体现的是善于依靠众人的力量去成就众人事业的思想。这就是与道合真的最高行为准则。

第六十九章

　　用兵者有言：“吾不敢为主而为客，不敢进寸而退尺。”
　　是谓行无行，攘无臂，执无兵，乃无敌矣。
　　祸莫大于无敌，无敌几丧吾室矣。
　　故抗兵相若，则哀者胜矣。

　　有统兵者曾这样说：“我不会主动挑起战争，只会在不得已的情况下对敌进行还击。我不会主动攻占敌方的土地，甚至可实行一定程度的后撤。”

　　当敌方进犯时，我们就把自己的军队隐蔽起来，使敌方看不到我方的战阵，看不到我方的士兵，也看不到我方的兵器，如此以逸待劳、以静制动，时机成熟时就给敌方突然的反击，这样，一定能取得战争的胜利。

　　骄兵必败，因此，祸患莫大于自以为天下无敌。如果自以为天下无敌，以强凌弱，到头来必定会招致失道、丧身、害家、亡国的结局。

　　所以，当兵力相当的两军相对抗，一定是正义的哀兵一方取得最后的胜利。

第七十章

吾言甚易知，甚易行。天下莫能知，莫能行。
言有宗，事有君。夫唯无知，是以不我知。
知我者希，则我者贵。是以圣人被褐而怀玉。

我的言论容易理解，也容易践行。可天下人却觉得不易理解，也难于践行。

其实我的言论出自上古以来流行的大道传统，是有根有源的。世人对道不去探索，对它自然一无所知了。对道无知，就必定无法理解我等修道建德的行动和努力了。

理解我等的人少，反显能效法我言论的人之难能可贵。修道有成的圣人尽管穿着穷人才穿的褐色粗布衣裳，而它包裹着的却是如宝玉似的美丽心灵。

第七十一章

知不知，尚矣；不知知，病矣。
是以圣人不病，以其病病；夫唯病病，是以不病。

　　努力去学习和掌握自己尚未懂得的知识，这是正确的态度，高明的表现；明明不懂却不肯虚心学习，反而不懂装懂，这是错误的态度，是一种病态表现。
　　圣人身上所以没有不懂装懂的毛病，是因为他们厌恶它、鄙弃它。正因为圣人厌恶、鄙弃不懂装懂这种毛病，所以这毛病就不会发生在他们的身上。

第七十二章

民不畏威，则大威至矣。

无狎其所居，无厌其所生。夫唯不厌，是以不厌。

是以圣人自知，不自见；自爱，不自贵。故去彼取此。

当老百姓被逼到不再畏惧统治者的威权时，更大的社会危机就要发生了。

因此，统治者千万别把老百姓逼迫到不得安居的地步，也不要把老百姓压榨到无法生存的境地。只要统治者不欺压、不剥夺老百姓，老百姓自然不会产生不满情绪，也自然不会起来反对他们。

由于圣人懂得百姓才是自己的生存之本，因此绝不会自以为是地恣意妄为。这样的圣人还能做到严于律己，而不会在老百姓面前耀武扬威，以示高贵。所以，在自知、自爱与自见、自贵之间，圣人选择的一定是前者，舍弃的一定是后者。

第七十三章

勇于敢则杀，勇于不敢则活。此两者，或利或害。天之所恶，孰知其故？

天之道，不争而善胜，不言而善应，不召而自来，繟然而善谋。天网恢恢，疏而不失。

　　一味地好勇斗狠、恃强凌弱的人必定会招来杀身之祸。守持柔弱、不逞强好胜的人则能立于不败之地。前者害人害己，后者利己利人。前者自然为天地所不容，为什么？因为他们违背了天道的慈爱精神。

　　天道从来不会去争什么高下，天下万物却诚心拥戴它；天道从来不发号施令，天下万物却自动遵循它的规律；天道从来不会号令万物置于自己的麾下，天下万物却自觉接受它的庇护和驱使。天道坦然而善谋，使天地间的一切都井井有条。它宛如一张广大无边、威力无比的天网，网孔虽疏，但没有谁能逃离它，能摆脱它的影响。

第七十四章

民不畏死，奈何以死惧之？

若使民常畏死，而为奇者，吾得执而杀之，夫孰
敢矣！

常有司杀者杀。夫代司杀者杀，是谓代大匠斫。
夫代大匠斫者，则希有不伤其手矣。

暴政苛政之下，老百姓没有活路，必定会起来作拼死的反抗。
老百姓到了连死都不怕的境地，再以死亡相恐吓，难道还会有作用
吗？

治国者如能使老百姓安居乐业，他们自然会珍惜自己的生命。
在这种情况之下，就算有诡异乱群者胆敢作奸犯科，只要官府及时
打击惩处，其余心存妄念的人恐怕也就不敢再为非作歹了！

国家应成立专门的常设机构来行使打击惩处罪犯的权力。如果
有人越俎代庖替司法机关去惩处罪犯，就好比一个外行人替代木匠
去加工木料一样，是很少有不伤到自己的身体的。

第七十五章

民之饥者，以其上食税之多也，是以饥。
民之难治者，以其上之有为也，是以难治。
民之轻死者，以其上生生之厚也，是以轻死。
夫唯无以生为者，是贤于贵生者也。

百姓所以受饥挨饿，是由于统治者收税过重。所以说民众饥饿，正是税重造成的。

百姓之所以难于治理，是由于统治者违背了清静无为的原则，而胡作非为所致。所以说百姓难治，正是统治者的不当作为造成的。

百姓所以把死看得很轻，敢于以死对抗政府，是由于统治者过分追求物质享受而盘剥民众所致。民众到了生存不下去的时候，自然会铤而走险，起来反抗。所以说百姓敢于以死对抗政府，正是统治者为了自己的享受而过度压榨民众所造成的。

因此，不追求物质享受而又能实施清静无为的统治者，比之那些不顾民众疾苦、一味追求奢侈享受的统治者要贤明千百倍。

第七十六章

人之生也柔弱，其死也坚强。
草木之生也柔脆，其死也枯槁。
故坚强者死之徒，柔弱者生之徒。
是以兵强则灭，木强则折。
故坚强处下，柔弱处上。

人活着的时候，身体是柔软的，死了便变得坚硬僵直了。

草木生长的过程中，身体是柔软脆嫩的，死之后便变得枯朽了。

所以说，事物到了最旺盛的时候，因为生机将竭，死亡之期便不远了；而当事物处于柔软脆弱之时，因为是初生，便有着强旺的生命力。

兵器过于坚硬，使用时很容易被折断。树木过于坚硬，由于失去柔韧性，也容易被风摧折。

事物到了最旺盛的时候，就必然要走下坡路，走向死亡；而当其处于初生而柔弱之时，则必定天天向上，日益旺盛，这是自然界和人类社会永恒不变的规律。

第七十七章

天之道，其犹张弓欤？高者抑之，下者举之；有
余者损之，不足者补之。

天之道，损有余而补不足。人之道，则不然，损
不足以奉有余。

孰能损有余以奉天下？唯有道者。

是以圣人为而不恃，功成而不居。其不欲见贤也。

天之道，不就像张开了准备射击时的弓的情形一样吗？偏高了
把它调低，偏低了需把它调高。换句话说，就是有余时就减损它，
不足时就增益它。

天之道，是减损有余而增益不足，使大与小相匀，使有余与不
足持衡。世俗人之道则与天道相反，他们通过对贫弱者的剥夺去奉
养那些富贵者，从而使贫者越贫，富者越富。

谁能做到以己的富余去救助那些贫弱的人呢？只有那些得道的
人。

得道的圣人虽然对贫弱者施予了救助，但不会自恃其能，更不
会自居其功，因为他们不愿意把自己的贤德展示在世人的面前。

第七十八章

天下莫柔弱于水，而攻坚强者莫之能胜，以其无以易之也。

柔之胜刚，弱之胜强，天下莫不知，而莫之能行也。

故圣人云："受国之垢，是谓社稷主；受国之不祥，是谓天下王。"正言若反。

天下没有什么东西比水更为柔弱的了，而攻强摧固的能力没有谁能胜过它的，因此，没有谁能替代它。

柔弱的可以胜过刚强的，弱小的可以战胜强大的，这个道理天下无人不懂，但没有多少人能用它来指导自己的行动。

守柔、处下、受垢是水的品格，也是圣人的品格。所以古之圣人曾说：勇于为国家忍辱负重的，才配做国家的领导人。勇于为国家承担凶险灾难的，才配做民众的领袖。这些话听起来显得那样负面，可它却是符合大道的至理之言。

第七十九章

和大怨，必有余怨；报怨以德，安可以为善？
是以圣人执左契，而不责于人。有德司契，无德
司彻。
天道无亲，常与善人。

结了怨就应努力去化解，不过，怨恨不是轻易可以彻底消除的，
大恨大怨化解之后还可能会留下一些小恨小怨。如果任由与人结恨
结怨，然后再用以德相报的方法去化解，这显然不是智者、善者之
所为。冤家宜解不宜结，因此，我们应尽量避免与人结怨。

圣人像手执借据而不向举债人索还那样宽容，有德的治国者就
像这样的圣人一样善待和爱护百姓，从而得到他们的拥护；无德的
统治者则像强征巧取的收税人那样不顾百姓的死活，从而引发他们
的怨恨。

天道没有亲疏厚薄之分，但总是乐意去爱护和帮助那些信道行
道的人。如果治国者都能循道而行，人世间的怨恨就会大大减少。

第八十章

　　小国寡民。使有什佰之器而不用。使民重死而不远徙。虽有舟舆，无所乘之。虽有甲兵，无所陈之。
　　使民复结绳而用之。
　　甘其食，美其服，安其居，乐其俗。
　　邻国相望，鸡犬之声相闻，民至老死不相往来。

　　领土规模不大，人口数量不多，这是一种理想的民族区域自治的国家模式。这时的国家，视战争武器为无用之物，因为它不以拥有广阔的领土、众多的人口为目标，而以追求永久的和平为宗旨。这时，各国的人民十分珍惜自己的生命，也十分热爱自己的家园。以生命为代价去发动战争，并通过远程迁徙的方式去占领他国领土，他们是不会干的。在这样的国家里，战船战车、盔甲武器是派不上用场的。

　　在那时的国家里，结绳记事时代那种敦厚善良、诚信友爱、和谐无间的古朴民风得到了重建。

　　在这样的国家里，人人有充足味美的食品，有华丽暖身的衣着，有漂亮舒适的居室，还有令人身心愉快的娱乐。

　　毗邻的国家虽互相望得见，鸡犬之声也都听得到，但彼此间，世世代代都不会发生互相骚扰、互相侵害的事。

第八十一章

信言不美，美言不信。
善者不辩，辩者不善。
知者不博，博者不知。
圣人无积，既以为人己愈有，既以与人己愈多。
天之道，利而不害。
圣人之道，为而不争。

真话，往往容易使人感到不中听，使人听得舒服的则往往是大话或假话。

善良的人不逞口舌之辩，热衷于伪辩、巧辩的多非良善之辈。

知识渊博的人不会去卖弄学问，喜欢卖弄学问的则多无真才实学。

怀抱济世为民情怀的圣人，会毫无保留把自己的所有所能奉献社会、服务民众，他们越是把自己拥有的付给别人、付给社会，越是感到自己富有，因为他们从中收获了快乐、收获了尊重。

天道只会施益于万民万物，而不会加害于他们。

圣人只会竭尽所能为民众、为社会服务，而不会去做那争名图利的事情。

附录一：中外名家评老子

　　据英国科学家李约瑟的考证，老子的《道德经》早在公元17世纪便传入欧洲。第一个对《道德经》进行翻译的是比利时的传教士卫方济。时至今日，《道德经》是世界上除《圣经》外，被翻译最多的一部书。据最新统计，《道德经》已被翻译成70多种文字，传播到120多个国家。在中国的传统典籍中，被西方名人评价得最多最高的就是《道德经》。欧洲是当今世界老子读者最多的地方，其中德国每四户家庭就拥有一部《道德经》。

　　老子文化是我国汉、唐和北宋时期的主导文化、官方文化。那时，朝野都有颂读《道德经》的好传统和好风气。正是以老子为代表的中华传统文化哺育了盛唐强汉，也哺育了经济发达、科技先进的北宋。

　　那么，古今中外的名人名家是如何评说老子和他的《道德经》的呢?

（一）

　　1. 德国哲学家、启蒙运动学家康德认为："斯宾诺莎的泛神论和亲近自然的思想，与中国的老子思想有关。"

　　2. 德国哲学大师黑格尔，在他的《历史哲学》一书中指出："中国人承认的基本原则是理性——叫做'道'。道是天地之本、万物之源。中国人把认识道的各种形式看作是最高的学术。老子的《道德经》最受世人崇仰。"

　　3. 德国哲学家谢林，在他的《神话哲学》一书中说："道不是人们以前翻译的理性，道是门。老子哲学是'真正思辨的'。他完全地和普遍地深入到了存在的最深层"。

4. 德国哲学家尼采说："《道德经》的能量是取之不竭、用之不尽的。它就像一口永不枯竭的井泉，满载宝藏，放下之汲桶，唾手可得。"

5. 德国社会学家、古典社会学奠基人马克斯·韦伯说："事实上，在中国历史上，每当道家思想被认可如唐初等时期，经济的发展是较好的，社会是丰衣足食的。道家重生，不仅体现在看重个体生命，也体现在看重社会整体的生计发展。"

6. 德国明斯特大学教授赫伯特·曼组什，在他的《中国哲学对西方美学的重要性》一书中指出："中国哲学是我们这个精神世界的不可缺少的要素。公正地说，这个世界的精神孕育者，主要的是柏拉图和老子，亚里士多德和庄子。可惜的是，我们这个时代的许多哲学著作总是习惯于仅提欧洲古代的一些哲学家，都忽视了老子的《道德经》，从而很不明智地拒绝了一种对欧洲文化的极为重要的源泉"。

7. 德国学者克诺斯培说："解决我们时代的三大问题——发展、裁军和环保，都能从老子那里得到帮助。"

8. 德国学者龙利期·噶尔于1910年所写的《老子的书——来自最高生命的至善教诲》一书中指出："也许，老子那个时代没有人能真正理解老子；也许，真正认识老子那个时代至今还没有到来。老子是推动未来的能动力量，他比任何现代的，都更加具有现代意义；他比任何生命，都更加具有生命的活力。"

9. 德国诗人柯拉邦德于1919年写了《听着，德国人》一文。他在文中号召德国人应当按照"神圣的道家精神"来生活，要争做"欧洲的中国人"。

10. 德国犹太思想家马丁·布伯说："在中国的儒道释三大传统中，具有世界意义的是道家思想。"他希冀通过老子的无为、贵柔、尚朴的精神，找回西方失落已久的精神家园，重振西方文明。

11. 前德国总理施罗德在他任上时曾通过电视呼吁：每个德国家庭都应买一本中国的《道德经》，以帮助解决人们思想上的困惑。

（二）

12. 英国生物学家、科学史家、两次诺贝尔奖得主李约瑟，在他的《中国科学技术发展史》中说："中国人性格中有许多最吸引人的因素都来源于道家思想。中国文化就像一颗参天大树，而这棵参天大树的根在道家。中国如果没有道家思想，就会像一棵某些深根已经烂掉的大树"。他又说："说道家思想是宗教的和诗人的，诚然不错，但是至少也同样强烈地是科学的、民主的，并且在政治上是革命的。"他还指出："中国科学是从道学中孕育出来的。"

13. 英国天文学家沙星斯在他于 1985 年出版的《新科学的诞生》一书中认为："前进的唯一道路是转过身来重新面向东方，带着对它的兴趣以及对其深远意义的理解离开西方的污秽，朝着神圣的东方前进。"

14. 英国历史学家阿诺德·汤因比于他的《人类与大地母亲》一书中说："在人类生存的任何地方，道家都是最早的一种哲学。它推断人类在获得文明的同时，已经打乱了自己与'终极实在'精神的和谐相处，从而损害了自己在宇宙中的地位。人类应该按照'终极实在'的精神生活、行为和存在。"汤因比还认为，在原子能时代，要把地球上的国家统一起来，传统的武力征服已很难做得到，要避免人类集体屠杀，和平合作是唯一出路。因此，他于 1975 年与日本的池田大作对话时曾预言："将来在文化上统一世界的，大概不是西欧国家，也不是西欧式的国家，而是中国"。

15. 英国当代哲学家克拉克说："现代经济自由市场的原理就是源自《老子》的无为而治。"他还认为："道家在西方的发展可能与佛教、印度教不同，他不会表现为宗教运动，而会体现在：挑战过头的启蒙理性精神，非此即彼的简单化思维原则，提供新话语、新洞识、新范式，影响西方人的思维方式以及个人选择与生活方式，替代唯物主义与彼岸宗教信仰并引导我们树立生态化精神的态度，有助于西方人灵肉二元论的克服和整体精神体系的转变。道家治疗性的哲学对西方人有关真理观、自我、性别认同等的反思有积极作用，对诊治西方虚无主义的顽症有显著疗效，因而一般性地对西方反思启蒙的后现代计划有意义。"

16．英国学者霍布森在《西方文明的东方来源》中指出："魁奈思想当中有很多概念受惠于中国的政治经济概念，而其中最重要的是把'无为'概念译成法文的 laissez-faire（自由放任）。"

17．英国学者彭马田说："《道德经》并非我们所理解的一般意义上的书，它是格言及注疏的集合，前后并无明显的逻辑顺序，这81章犹如一串圆润的珍珠项链，像珍珠一样，各自独立，集合在一起，其效果则更美奂绝伦。"

18．英国学者贝扶理在他的《道与言》一书中指出："道与基督教信仰的关系渊源甚久"，"从历史的观点上说，道的观念在中国发展，似乎对基督徒接受耶稣基督的福音影响非常明显"，"因此，各种不同译本的中文《圣经》都告诉我们：太初有道，道与神在，道就是神。而在《启示录》我们读到：他的名称为神之道"。

（三）

19．美国物理学家、诺贝尔奖得主卡普拉说："在伟大的诸传统中，据我看，道家提供了最深刻并且最完美的生态智慧。他强调在自然的循环过程中，个人社会的一切现象和潜在两者的基本一致。"

20．美国著名物理学家约翰·惠勒说："现代物理学大厦就建立在一无所有上，从一无所有导出了现在的所有，没想到的是，近代西方历经数代花费大量物力财力才找到的结论，在中国的远古早已有了思想的先驱。"

21. 美国学者蒲克明预言："《道德经》是未来世界家喻户晓的一部书。"他又说："当人类隔阂泯除，四海为一家时，《道德经》将是一本家传户颂的书。"

22. 美国科学家威尔杜兰在他的《世界文明历史》中说："或许除了《道德经》外，我们要将焚毁所有的书籍，而从《道德经》中寻得智慧的珍珠。"他又说："在人类思想史上，《道德经》的确可以称得上是最迷人的一部奇书。"

23. 美国学者迈克尔·哈特指出："假如老子的确是《道德经》的作者，那么他的影响确实很大。这本书虽然不到六千字，却包含着许多精神食粮。在西方，《道德经》比孔子或任何儒家的作品流行。"

24. 美国明道大学校长、道家基金会主席张诸通指出："整个中国历史上只有两个朝代，即汉代与唐代奉行道的哲学。这两个帝国是当时全部地球文明中最健康、最幸运、最先进的国度。监狱是空的，遗落在街道上的贵重东西没有人捡，所有国民充满自信。这是因为这两个朝代的政府达到了礼制与正义政府的水准。历史学家把这两个朝代称为中国的黄金时代。"

25. 美国研究中国经济专家、卡托研究所副总裁邓正莱指出："中国的前程，在于通过信奉和拓展老子的天道思想而回到本国的自由传统。《道德经》就是中国的自由宪章。老子关于天道、自由与无为的思想，跟亚当·斯密的一样，既是道德的，也是实用的。说它是道德的，是因为它建立在美德的基础上；说它是实用的，因为它能导向繁荣。"

26. 美国管理学大师艾博契特在他所著的《二十二种新管理工具》一书中引用了《老子》的话："善用人者为之下，是谓不争之德，是谓用人之力。"然而，他议论说："讲这几句话至今已有 2000 年历史，它代表见识不凡的管理者长久以来都在努力，但仍未有人趋近这种道的境界。从某种意义来看，管理者的历史，也就是试图实践这项基本观念的历史"。

27．美国哈佛大学教授约翰·高认为："《老子》的意义永无穷尽，通常也是不可思议的。它是一本有价值的关于人类作为的教科书。这本书道出了一切。"

28．美国《纽约时报》把老子列为世界古今十大作者之首。

（四）

29．法国哲学家德里达认为："道是中华民族精神的最高概念。"

30．日本物理学家、诺贝尔奖得主汤川秀树于1968年指出："老子是在两千多年前就预见并批判今天人类文明缺陷的先知。老子似乎用惊人的洞察力看透个体的人和整体人类的最终命运。"

31．日本当代学者卢川芳郎说："《老子有一种魅力，他给世俗世界压迫下疲惫的人们以一种神奇的力量。"

32．日本当代自然派学者福冈正信说："自然农法就是在老子'道法自然'这一伟大命题的启发下提出来的。"他又说："如果我们在听老子的话，也不致使科技的发展对人类自然环境造成如此严重的后果。"

33．前苏联著名汉学家里谢维奇认为："老子是国际的，是属于全人类的。"

34．俄国大文豪列夫·托尔斯泰当年曾被问道：世界上哪些作家或思想家对他的影响最大？他说："我的良好精神状态归功于阅读《孔子》，而主要是《老子》。"他又说：受中国的孔子和孟子的影响"很大"，而受老子的影响"巨大"。他还说："老子的学说，是不同寻常的道德高峰。"

35．前苏联列别捷夫物理研究所的林德说："道家关于宇宙创生于无的可能性，是非常有趣的问题，应当进一步加以研究。这个问题似乎是绝对玄学的，但是，我们有关玄学的经验告诉我们，这类玄学问题有时却由物理学给出答案。"

36. 俄国汉学家海澳基也夫斯基说："古代哲学家老子的学说，是中国一切哲学发展的出发点，所有其他中国哲学家的体系，都是在道德哲学体系的各个部分的基础上发展起来的。"

37. 2010年6月，俄罗斯总统梅德韦杰夫在俄罗斯的圣彼得堡召开的国际经济论坛上向与会者建议，遵循中国古代伟大哲学家和思想家老子的教诲来应对世界金融危机。他引用了《道德经》第四十四章的"得与亡孰病？甚爱必大费，多藏必厚亡。故知足不辱，知止不殆，可以长久"这段话后说，金融危机的根源是消费主义引发资本和人的欲望膨胀，如果能够做到知足、知止，那么就可以在一定程度上避免这种危机的发生。他于是指出："如果我们遵循中国哲学家的遗训，我认为，我们能够找到平衡点，并成功走出这场巨大的考验。"

38. 荷兰莱顿大学教授施舟人在1996年说："道家文化不同于西方文化，它对西方文化来说，是一个不可多得的能使西方文化得以更新的动力和活力的源泉。"

39. 澳大利亚国立大学教授柳存仁在1996年说："道的根就在中国，尽管道无所不在，但道更在中国。"

40. 比利时学者、诺贝尔奖获得者普利高辛指出："道家的思想在探究宇宙和谐的奥秘、寻找社会的公正和公平、追求心灵的自由和道德完满三个层面上，对我们这个时代都有新启蒙思想的性质。道家在两千多年前发现的问题，随着历史的发展，愈来愈清楚地展现在人类的面前。"他又说："中华文化是欧洲科学的灵感和源泉。欧洲近代文明和科学技术的飞跃发展，与中国传统文化的渗入有直接关系。"

41. 丹麦物理学家玻尔与爱因斯坦并称为20世纪初的"物理学双雄"。1949年，他在丹麦王室被授以勋章时说："我不是理论的创立者，我只是个道家得道者"。

42. 1998 年 1 月，由世界诺贝尔奖获得者共同签署的《巴黎宣言》指出："21 世纪世界的科技、文化命题应到 2500 年前的中国老夫子那里去寻找（老夫子就是老子——编者）"。

（五）

43. 孔子（公元前 551－前 479 年）见老子归而谓弟子曰："鸟，吾知其能飞；鱼，吾知其能游；兽，吾知其能走。走者可以为网，游者可以为纶，飞者可以为矰。至于龙，吾不能知，其乘风云而上天。吾今日见老子，其犹龙邪！"（《史记·老子列传》）

44. 庄子（约公元前 369－前 286 年）曰："关尹、老聃乎，古之博大真人哉！"（《庄子·天下篇》）

45. 司马谈（西汉史学家司马迁之父）在《论六家要旨》中说："道家使人精神专一，动合无形，赡足万物。其为术也，因阴阳之大顺，采儒墨之善，撮名法之要，与时迁移，应物变化，立俗施事，无所不宜，指约而易操，事少而功多。"（《史记·太史公自序》）

46. 司马迁在《史记》说："道家无为，又曰无不为，其实易行，其辞难知。其术以虚无为本，以因循为用。无成执，无常形，故能究万物之情。不为物先，不为物后，故能为万物主。有法无法，因时为业；有度无度，因物与合。故曰：圣人不朽，时变是守。虚者道之常也，因者君之纲也，群臣并至，使多自明也。"

47. 汉人班固在考察诸子各派源流时指出："道家者流，盖出史官。历记成败祸福古今之道，然后知秉要执本，清虚以自守，卑弱以自持。此君王南面之术也。"他又认为：老子及其道家思想源于史官和帝王经验。（《汉书·艺文志·诸子略》）

48. 晋代葛洪认为："道者儒之本也，儒者道之末也。"（《抱朴子内篇·明目》）他又说：“道为百家之君长，仁义之祖宗也。”

49. 唐太宗李世民（公元599—649年）在《贞观政要》中说：“夫安人宁国，惟在于君。君无为则人乐，君多欲则人苦。”他还下诏令说：“天下大定，亦赖无为之功，宜有改张，阐兹玄化。”百官“各当其任，则无为而治矣”。

50. 唐玄宗李隆基（公元685—762年）说：“《道德经》其要在乎理身、理国。理国则绝矜尚华薄，以无为不言为教。理身则少私寡欲，以虚心实腹为务。”（《御制道德真经疏》）

51. 宋太宗赵匡义（公元939—997年）说：“老子五千言，读之甚有益，治身治国，并在其中。”（《宋朝事实》卷三《圣学》）

52. 宋真宗赵恒（公元998—1022年）说：“老子《道德经》治世之要。”

53. 清世祖爱新觉罗福临（公元1638—1661年）说：“老子道贯天人，德超品汇，着书五千余言，明清静无为之旨。然其切于身心，明于伦物，世固鲜能知之也。”（《御制道德经序》）

54. 清代著名学者纪晓岚说：道家思想“综罗百代，广博精微”。

55. 清末思想家魏源（公元1794—1857年）在《老子本义》中说：“老子之书，上之可以明道，中之可以治身，推之可以治人”，“《老子》救世之书也。故二章统言宗旨。此遂以太古之治，矫末世之弊”。

56. 梁启超说：“道家，信自然力万能，而且至善；以一涉人工，但损自然之朴”，“老庄崇虚想、主无为、贵出世、明哲理、重平等、明自然等；孔孟崇实际、主力行、贵人事、明政法、重阶级、重经验等”。

57. 文学家林语堂（公元1895—1976年）在《老子的智能》中说：“老子的隽语，像粉碎的宝石，不需装饰便可自闪光耀。”他还说：“我觉得任何一个翻阅《道德经》的人最初一定会大笑，然后笑他自己竟然会这样笑，最后会觉得现在很需要这种学说。至少，这会是大多数人初读老子的反应，我自己就是如此。"

58. 哲学家金岳霖（公元1895—1984年）在《论道》中说："中国思想中最崇高的概念似乎就是道。"

59. 原中国哲学史学会会长张岱年（公元1909—2004年）先生说："道家，其理论之湛深，思想之缜密，实超过了儒墨两家"，"老子的道论是中国哲学本体论的开始，这是确然无疑的"。

60. 严复（公元1853—1921年）在他的《老子〈道德经〉评点》中说："夫黄老之道，民主之国之所用也。故能'长而不宰'，'无为而无不为'。君主之国，未有能用黄老者也。汉之黄老，貌袭而取之耳。君主之利器，其惟儒术乎！"

61. 鲁迅说："不读《老子》一书，就不知中国文化，不知人生真谛。"他又说"中国的根柢全在道教"（指道学——编者）。

62. 季羡林说："《道德经》中强调的知足不辱，知止不殆，正是解决资本无止境膨胀与自然资源、公共利益之间矛盾的良方。"他又指出："21世纪是以中国文化为主体的东方文化走向灿烂辉煌的世纪，只有东方文化才能拯救人类。"

（编辑本文时曾参阅河南省鹿邑县老子文化研发中心编著、时代文艺出版社出版的《老子故里风土名胜》一书）

附录二：读《道德经》不能望文生义

——《老子的再生》之启示

金 玲

　　《道德经》是怎样的一部书，老子文化是怎样的文化呢？比利时科学家、诺贝尔奖得主普利高辛说："道家的思想在探究宇宙和谐的奥秘、寻找社会的公平和公正、追求心灵的自由和道德完满三个层面上，对我们这个时代都有启蒙思想的性质。"两度获得诺贝尔奖的英国科学家李约瑟指出："说道家思想是宗教的和诗人的，诚然不错；但是至少也同样强烈地是科学的、民主的，并且在政治上是革命的。"我国宋代皇帝赵匡义说："老子五千言，读之甚有益，治身治国，并在其中。"我国清代思想家魏源说："《老子》救世之书也。"我国研究《道德经》的新锐、《再生的老子》和《老子的再生》的作者麦小舟先生指出："老子是哲学的巨人、道德的高峰、政治的先知，老子文化具有普世价值。"他又认为："老子文化是导人向善的文化，是和平和谐的文化，是自由民主的文化，是人类未来的共同文化。"美国学者蒲克明预言："《道德经》是未来世界家喻户晓的一部书。"可见，对《道德经》、对老子文化，古今中外的有识之士的认知和评价是一致的、正面的。然而，我国有的学者，尤其是当代的一些学者，却未能如此认知和评价《道德经》和老子文化，甚至还为之蒙上层层的污垢，栽上种种的罪名。那么，他们为何会对《道德经》和老子文化产生如此的认知呢？我认为原因是多方面的，弱国国民的心态、极左思想的存在和影响、人云亦云及望文生义的思维方式等都会妨碍对《道德经》和老子文化作出正确的评价。本文不打算全面分析以上的诸多原因，而只想就《道德经》的语言特点做些探究。

《道德经》是2500年前的著作，同样的字词，当时的意蕴到了今天可能已经发生了变化；当年认为是完整通顺的句子，如果以现代的语法来衡量，也许今天的小学生都能说出若干个问题来。因此，我们今天读《道德经》就必须对它的语言特点有所了解，否则还会犯望文生义的错误，以致错读《道德经》、误解老子。

那么，《道德经》在语言上有些什么特点呢？对此，麦小舟先生的《老子的再生》已告诉了我们。

一是句子成分的省略。

《道德经》的语句中，不仅有省略主语的，也有省略谓语、宾语，以至省略定语、状语的。如第八章的"上善若水"，完整的句式应是"上善的人若水"，此句便省略了主语"人"。又如第五十六章"故不可得而亲，亦不可得而疏；不可得而利，亦不可得而害；不可得而贵，亦不可得而贱。故为天下贵"。这段话的每个小句的"得"字后面都省略了一个名词，它们依次是亲、疏、利、害、贵、贱。依次补上各句之后，这段话便变成："故不可得亲而亲，亦不可得疏而疏；不可得利而利，亦不可得害而害；不可得贵而贵，亦不可得贱而贱。故为天下贵"。也就是说该章上述原文的每个小句都省略了一个宾语，它们是亲、疏、利、害、贵、贱。再如第四十六章的"罪莫大于多欲，祸莫大于不知足"，这句话的意思是：贪欲，是罪恶之源；不知足，是祸患的发端。也就是说，这个句子省略了谓语"是"。

二是句子的倒装。

句子倒装，是古人写作时常用的表现手法，老子在写《道德经》时也使用了这种手法。如第一章的"此两者，同出而异名"，是说"无"、"常无"，"有"、"常有"这几个名称虽然不一样，但它们都是宇宙的本原，即道的名字。可见，"同出而异名"是"异名而同出"的倒装句。又如第二章的"万物作"它是"作万物"（化生万物）的倒装句。再如第四十三章的"入于无间"，它是"无间不入"的倒装句。至于第十四章的"视之不见，名曰夷；听之不闻，名曰希；博之不得，名曰微"则是一个倒装长句。如果不用倒装，这句话应该是这样的："夷，视之不见；希，听之不闻；微，博之不得"。

三是词性变换。

所谓词性变换，是指改变字词的原有属性，把属此词性的字词作彼词性的字词使用，如把属名词的字词作动词使用，把属动词的字词作名词使用等等。在《道德经》中把名词的字词作动词使用的比较普遍。如第一章的"无，名天地之始"句中的"名"字作"是"解，也就是说，这个属名词的"名"字被当做动词使用了。又如第二十八章的"为天下溪，为天下溪"，"为天下式，为天下式"，"为天下谷，为天下谷"。此三个句子中最后的"溪"字、"式"字、"谷"字，分别作"追随"、"仿效"、"归心"解，也就是说"溪"、"式"、"谷"这三个名词被当做动词使用了。再如第四十九章的"圣人皆孩之"，句中的"孩"字，作"呵护"、"照顾"解，这也是名词作动词用的例子。在《道德经》中，还有把动词的字词作名词用的。如第七十四章的"知不知"句末的"知"作"知识"、"本领"解，就是说这个本属动词的"知"字作名词用了。又如第八十一章的"信言不美，美言不信"，句中的"不信"作"大话"、"假话"解，这也是动词的字词作名词用的例子。在《道德经》中还有把方位词作动词使用的。如第七章的"外其身而身存"句中的"外"字作"放弃"、"牺牲"解，就是说方位词作了动词用。

四是一字多义与多字一义。

所谓一字多义，是说一个同样的字，在《道德经》的不同章节和不同语句中有着不同的含义，表达着不同的意思。如"有"字:第一章的"有，名万物之母"的"有"字的含义是"道"。第二章的"有无相生"的"有"字之意思是"富有"。第十一章的"有车之用"的"有"字作"有了"解。同在这一章中的"有之以为利"的"有"字指的是"实体"。第十七章的"不知有之"的"有"字的意思是"存在"。第二十六章的"虽有荣观"的"有"字之含义是"拥有"。第七十四章的"常有司杀者杀"的"有"字作"设立"、"设置"解……又如"知"字:第七十一章的"知不知"的两个"知"字，前面的指的是"学习"、"掌握";后面的指的是"知识"、"本领"。第二十八章的"知其雄"、"知其白"、"知其荣"三个句子中的"知"字分别指的是"羡慕"、"喜欢"、"追求"。而第三章的"常使民无知无欲"句中的"知"字则作"伪诈之心术"解。再如"贵"字:第三章的"不贵难得之货"的"贵"字，是指"贪恋"、"迷恋"。第十三章的"贵大患若身"的"贵"字,是指"重视"、"在意"。第十七章的"其贵言也"的"贵"字，是指"至高无尚上的道理"。第二十章的"贵食母"的"贵"字是指"恪守"。第二十七章的"不贵其师"的"贵"字，是指"尊崇"、"推崇"。第三十一章的"用兵则贵右"的"贵"字，是指"看重"。第三十七章的"故贵以贱为本"的"贵"字，是指"尊贵"。第五十一章的"尊道而贵德"的"贵"字，是指"崇敬"。第五十六章的"不可得而贵"的"贵"字，是指"奉承"。同章的"故为天下贵"的"贵"字，是指"尊贵者"。第六十二章的"天下贵"的"贵"字,是指"最珍贵的"。第七十章的"知我者希，则我贵矣"的"贵"字，是指"境界之崇高"。第七十二章的"不自贵"的"贵"字，是指"自耀高贵"。以上所列告诉我们，《道德经》中的"贵"字起码有 15 种以上的不同含义。

所谓多字一义，是说若干个不同的字词代表的、表达的，其实是同一个概念。如第一章的"无"、"常无"，"有"、"常有"所代表的同是"道"。又如第三十九章的"得一"的"一"字，代表的也是"道"。除此之外，《道德经》一书中先后出现过的大制、始祖、大方、大象、柔、朴等字词均是道的别名和代称。

五是用语的高度简约。

《道德经》的用语，就像古典诗词的用语一样，非常的简约、精练，真可谓一字千金。许多句子都需要读者补进一些恰当的词语甚至句子，才能领会和掌握老子所表达的意思。第一章的"此两者"三个字，是指前面提到的"无"、"常无"，"有"、"常有"几个概念。第四章的"道冲，而用之或不盈。渊兮，似万物之宗。湛兮，似或存"，我们需要通过如下的文字才能理解它："道就像一具空间无限的容器，装载着无穷无尽的法宝，天地万物用之不会竭，使之不会尽。道虽是那样的深奥难测，它却是化生养育宇宙万物的母亲。道虽是看不见、摸不着的，其形虽隐却确实存在"。第十七章的"太上，不知有之。其次，亲而誉之。其次，畏之。其次，侮之"，这段话就更是简约到极致了。老子这整段话不计标点只有20个字，麦小舟先生则用了220个字去解说，等于原文字数的11倍，而它们又显得那样的不可或缺。

六是褒词贬用，贬词褒用。

由于时代久远的原因，今人认为是褒性的词，老子那个时代可能是个贬词；同样，老子时代认为是贬性的词，今天可能会作褒词使用。"无为"这个词，今人会把它与无所作为联系在一起，而在《道德经》中，"无为"是一个非常好的词，是绝对的褒义词。因为"无为"的真精神不是一无所为，而是善其所为；是治国者的无私之为、以民为本之为和按自然法则行事之为。"有为"这个词，今人也一定会把它理解为有作为。而在《道德经》中，它是个贬义词。第三十八章的"下德为之，而有以为"，它的意思是，无德的统治者为了满足个人的欲望而强作妄为。又如"愚"字，今人很自然会把它与"愚笨"、"愚昧"、"愚蠢"联系起来，而在《道德经》中，老子是把它作为褒义词使用的。第六十五章"古之善为道者，非以明民，将以愚之也"，它的意思是，古代那些修道有成的人，不是教导百姓去学习和掌握机巧伪诈之术，而是引导他们返璞归真，变得更加敦厚淳朴。老子还在第二十六章把得道之人称作"愚人"。可见，在老子那里，"愚"是敦厚、是淳朴、是高尚。再如"智"字，在现代语言中，它是聪明、是智慧，是上乘的褒义词，而在《道德经》中，"智"字多被用作为贬义词。第三章的"使夫智者不敢为也"，它的意思是，令那些自以为聪明的狡诈之人也不敢随意妄为。"智"在这里代表的是那种自以为聪明的狡诈之人。"知"和"欲"，在现代语言中都是中性词，而在《道德经》中有时会作贬义词使用。第三章的"常使民无知无欲"，它的意思是，使百姓不生伪诈之心、贪婪之念。此句中的"知"是表示伪诈、欲是表示贪婪。

以上所述并没有尽穷《道德经》的语言特点，但它足以使我们认识到，了解和掌握《道德经》的语言特点之重要。它实在是打开《道德经》之大门的一把重要的钥匙。

《道德经》第五十六章的第一句："知者不言，言者不知。"唐代大诗人白居易读了这句话之后写了一首诗："言者不知知者默，此语吾闻于老君。若道老君是知者，缘何自著五千言。"他反讽老子，既然你说"知者不言"，你这个知者为何要写下五千言的《道德经》呢？其实老子这句话的意思是："道的真知真传者，重修行而不重言说，喜欢对道妄发议论的，则多是一知半解之人。"可见如果无视《道德经》的语言特点，不仅没法读懂老子，就连白居易那样的大学问家也会闹出笑话来。

（本文作者是珠海市斗门老子学会副秘书长）

附录三：《道德经》中有"道经"与"德经"之分吗？

金 玲

老子的《道德经》虽然只有5000多字，却浩似天书，玄达两千多年，不仅其字词难解，就连其是否内含道、德上下篇也众说纷纭。

我认为，《道德经》5000言，是一篇浑然一体之作，内中没有道篇与德篇或道经与德经之分。

首先，从章节上就很难把道篇和德篇清楚地划分开来。

那么，主张《道德经》内含道德上下篇的学者是如何对《道德经》的八十一章进行划分的呢？他们认为，第一章至三十七章是道篇，第三十八章至第八十一章是德篇。问题是，道篇中的许多章节根本没有论道，而在谈德。以第一章至十章为例，其中的第三、七、十章所论的全是关于德的精神。同样，德篇中的许多章节也不是在说德，而是在论道。属于德篇的第四十一章，有九个道字，是全书道字出现率最高的章节，它所论的是信道与行道的关系。对于这种现象，有学者说，道篇中的德论是以德论道，德篇中的道论是以道论德，这实在是牵强附会，故弄玄虚之说。还有学者认为，道经与德经的章节是混编在一起的，凡有道字出现的章节属道经，没有道字出现的章节则属德经。其实，这也是说不通的。第八章有一个道字，但这章所论的是水之德，歌颂的是一种毫不利己、专门利人的无私奉献精神。再如第三十九章，全篇没有一个道字，却是实实在在的道论，它所论说的是道的无穷威力。

再说，道与德是难以截然分开的。

麦小舟先生在《老子的再生》之《〈道德经〉详解》的第二十三章，对道与德的相互关系进行了论说。文中指出："循道行事的人，必能与道化合为一，修练出高尚的德行。积德能够进道，道随着德的积蓄而变得丰盈。所以，以德修身的人，其道行也就越高；不修德行的人，道也自然离他而去。"他又在《再生的老子》之《老子思想讲坛》的第三讲，对道的概念和内涵进行了剖析。他指出："道是物质，是宇宙的本原。道是科学精神。道是道德境界。道是客观规律。道是天人合一观。"一句话，道中有德，德在道中。

我国哲学家金岳霖先生在《论道》中指出："每一个文化区都有它的中坚思想，每个中坚思想都有它的最崇高的概念。中国思想中最高的概念似乎是道。所谓行道、修道、得道，都是以道为最终目标。国人对之油然而生景仰之心的道，万事万物之所不得不由、不得不依、不得不归的道，才是中国思想中最崇高的概念。"这个道就是老子思想体系中的核心概念，也是中国文化思想史中的最高概念。如此一来，我们实在没有必要通过强调《道德经》有道经与德经之分，而在道的核心概念之外，再立一个与之相平衡的德之核心概念。

英国学者彭马田说："《道德经》并非我们所理解的一般意义上的书，它是格言及注疏的集合，前后并无明显的逻辑顺序，这81章犹如一串圆润的珍珠项链，像珍珠一样，各自独立，集合在一起，其效果则更美夺绝伦。"

有人从《道德经》中统计出的"道"字有74个，其实老子5000言中，先后出现道字的地方约有150处之多。除以上的74个"道"字外，有的是以道的别名或代称的形式出现的，如"无"、"有"、"常无"、"常有"、"大象"、"大制"、"利器"等，有的是以隐藏于句中形式出现的，如第四章的"渊兮，似万物之宗"（道是那样的深邃悠远，它正是化生养育宇宙万物的母亲）一句，就隐藏着一个"道"字。

麦小舟先生指出："《道德经》不仅以道开篇，以道收结，并且以道贯穿于5000言的始终。它就像有序地集结在璀璨夺目的思想链条上的珍珠。"

基于上述的分析，我认为，《道德经》不存在上下篇的结构，而是一部一气呵成、浑然一体的大作。

后 记

《再生的老子》出版之后，我本无就《道德经》再写一部著作的打算，是如下的原因促使我重作决定。

《再生的老子》在受到好评的同时，也有读者向我提出意见和希望。全国老子道学文化研究会常务副会长廖自力教授对我说：《再生的老子》中的《老子思想讲坛》写得确实很好，但《〈道德经〉译解》太吝惜笔墨了，这些文字还不足以帮助广大读者透彻地理解《道德经》的原文。珠海市斗门区有位领导说：《再生的老子》之《〈道德经〉译解》的译文部分能读懂，但通过这译文去理解原文则有点朦胧。其实，提出同类意见的读者还有许多。

英国有位华人教授看了《再生的老子》后说，《再生的老子》能把《道德经》理解到如此程度，实在难得，当今中国确实很需要这样一本书，但我希望有这样一部老子的书面世：它是来自中国，它能全面、系统而又准确、通俗地对《道德经》原文作出解读。我认为外国读者会欢迎它的。

为了满足中外读者的要求，我于是把《老子的再生》这部书写了出来。

那么，《老子的再生》与《再生的老子》有什么异同呢？《再生的老子》主要是采取专题解读的方式介绍老子的主体思想，《老子的再生》则是一部对《道德经》的词、句、章意进行详细解读的书。而《道德经》的译文部分，两书则是大体相同的。至于《道德经》的原文，我曾参阅过古今上百个版本，力求做到择优而从。《再生的老子》和《老子的再生》是姐妹篇。前者能帮助读者清晰地了解和掌握老子文化的科学体系和丰富的时代内涵；后者则能帮助读者透彻地理解《道德经》的原文，领悟它的丰富思想。如能把两书结合起来读，则能收到相得益彰的效果。

中华老子研究会执行会长萧鸣，广西毛泽东哲学思想研究会会长、享受国务院特殊津贴教授宿富连花了不少时间和心血审阅了本书稿并提出修改意见，萧鸣会长还为本书拟定了副书名——正本清源《道德经》，借此特表示我诚挚的感谢之意。

2011 年 6 月 1 日